Dietmar Falk, Jürgen Kaese, Günther Tiedt

NEUE BERUFE
Steuern von Maschinen und Geräten

westermann

Diesem Buch wurden die bei Manuskriptabschluss vorliegenden neuesten Ausgaben der DIN-Normen, VDI-Richtlinien und sonstigen Bestimmungen zu Grunde gelegt.
Verbindlich sind jedoch nur die neuesten Ausgaben der DIN-Normen, VDI-Richtlinien und sonstigen Bestimmungen selbst.

Die DIN-Normen wurden wiedergegeben mit Erlaubnis des DIN Deutsches Institut für Normung e.V.
Maßgebend für das Anwenden der Norm ist deren Fassung mit dem neuesten Ausgabedatum, die bei der Beuth-Verlag GmbH, Burggrafenstraße 6, 19787 Berlin, erhältlich ist.

Dieser Titel wurde unter Mitarbeit der Herren Steffen Sünkel und Donald Köppert erstellt.

Dieses Papier wurde aus chlorfrei gebleichtem Zellstoff hergestellt

1. Auflage Druck 6 5 4 3
Herstellungsjahr: 2005 2004 2003 2002
Alle Drucke dieser Auflage können im Unterricht parallel verwendet werden.

Westermann Schulbuchverlag GmbH, Braunschweig 1999
http://www.westermann.de
Verlagslektorat: Dr. Steffen Decker
Herstellung: westermann druck GmbH, Braunschweig

ISBN 3-14-**22 2502**-1

Inhaltsverzeichnis

Orientierungshilfe Kapitel 1

Grundlagen

technische Systeme zur Auswahl

1 Maschinen und Geräte als technische Systeme

Die pneumatische Anlage ist aus vielen unterschiedlichen Anlagenteilen aufgebaut (Abb. 1). Man erkennt einen Elektromotor, einen Verdichter, einen Druckbehälter, einen Manometer, Rohrleitungen, eine Aufbereitungseinheit und Druckluftgeräte. Die verschiedenen Anlagenteile bestehen wiederum aus einer großen Zahl von Einzelteilen.

Das Zusammenwirken aller Teile ist oftmals schwer zu durchschauen. Alle Einzelteile und Anlagenteile erfüllen bestimmte Aufgaben. Erst das geordnete Zusammenwirken aller Teile ergibt die Funktionsweise der pneumatischen Anlage.

Für Facharbeiter und Gesellen sind folgende Arbeiten an der Anlage von Bedeutung:

- das planmäßige Durchführen von Montagearbeiten,
- das sachgemäße Bedienen und Warten und
- das systematische Aufsuchen von Störstellen.

Das erfordert ein entsprechendes Verständnis über Aufbau und Wirkungsweise der Anlage.

Eine systematisch ordnende Betrachtungsweise ermöglicht es, den Aufbau und die Wirkungsweise von Maschinen und Geräten zu verstehen.

Mit den Mitteln der Systemtechnik ist es möglich, umfangreiche Anlagen in überschaubare Teile zu zerlegen und nur die jeweils interessierende Funktion zu betrachten.

1.1 Maschinen und Geräte

1.1.1 Systemtechnische Grundlagen

In der Systemtechnik werden **Maschinen und Geräte als technische Systeme** bezeichnet.

Ein **technisches System** ist eine Anordnung von technischen Anlagenteilen, die miteinander in einer funktionalen Beziehung stehen.

Diese Anordnung wird gegenüber ihrer Umgebung abgegrenzt. Die Systemgrenzen werden häufig auch als Schnittstellen bezeichnet.

Die **Systemgrenze** trennt ein System von seiner Umgebung.

Aus der gesamten Pneumatikanlage lässt sich die Anlage zum Druckerzeugen als eigenständiges System abgrenzen. In der Druckerzeugungsanlage wird die Druckluft zentral erzeugt. Über ein Rohrleitungsnetz erfolgt dann die Verteilung der Druckluft zu den verschiedenen Druckluftwerkzeugen und Druckluftgeräten.

Die zentrale Druckerzeugungsanlage hat die Funktion, für den gesamten Betrieb ausreichend Druckluft zu erzeugen.

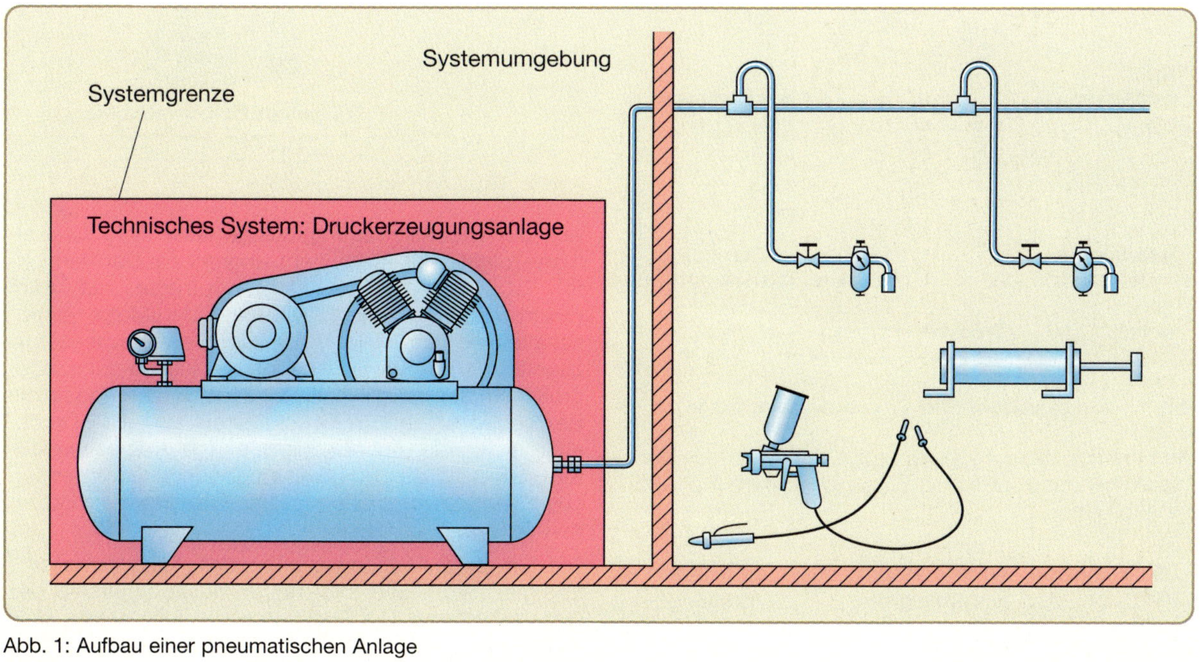

Abb. 1: Aufbau einer pneumatischen Anlage

Bei der Druckerzeugungsanlage gehen elektrische Energie, Luft und Schaltsignale in die Anlage hinein. Sie sind die **Eingangsgrößen** des Systems. Es kommen Druckenergie, Druckluft und Informationen über den Druckzustand aus der Anlage heraus. Sie sind die **Ausgangsgrößen** des Systems.

Die Eingänge und Ausgänge eines Systems sind Verbindungen

- zu anderen technischen Systemen (z. B. Stromnetz),
- zum Menschen (z. B. Bedienen, Warten) oder
- zur Umwelt (z. B. Schall-, Wärmeabgabe).

Ein System steht über **Eingangsgrößen** und **Ausgangsgrößen** mit der Umgebung in Verbindung.

Bei einem technischen System kommen folgende Eingangsgrößen und Ausgangsgrößen vor:

- **Energie** (z. B. elektrische Energie, Druckenergie),
- **Stoff** (z. B. Luft, Druckluft) und
- **Information** (z. B. Schaltsignale, Anzeigewerte).

Ein System lässt sich unter Vernachlässigung des inneren Aufbaus durch ein Rechteck (Block) darstellen. Pfeile kennzeichnen die Eingangsgrößen und die Ausgangsgrößen des Systems (Abb. 1).

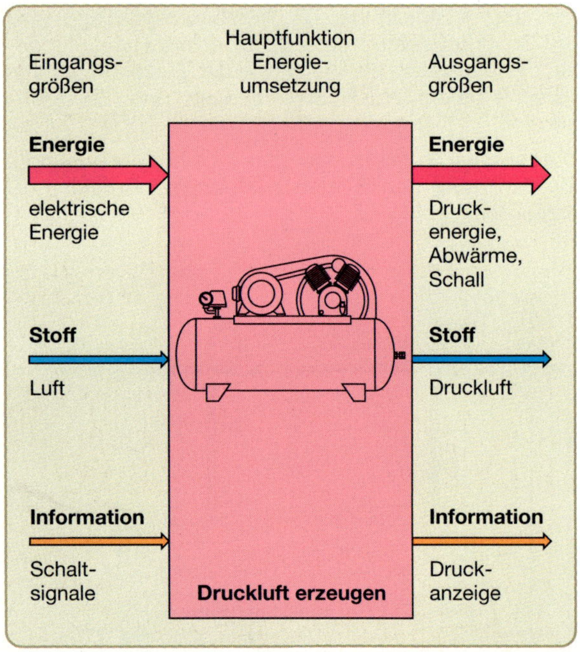

Abb. 1: Blockdarstellung einer Druckerzeugungsanlage

Die Funktion eines Systems ergibt sich dann aus dem Zusammenhang zwischen Eingangsgrößen und Ausgangsgrößen.

Die **Funktion eines Systems** lässt sich durch Vergleich der Eingangsgrößen und Ausgangsgrößen beschreiben.

Die Änderung der Größen wird als Umsetzung bezeichnet.

In einem technischen System finden Energie-, Stoff- und Informationsumsetzungen statt. Eine dieser Funktionen steht im Vordergrund. Sie ist die Hauptfunktion.

Die Druckerzeugungsanlage hat als **Hauptfunktion Energieumsetzung**. Elektrische Energie wird in Druckenergie umgewandelt. Es wird Druckluft erzeugt.

Aus dem Gesamtsystem lassen sich Teile der Anlage als Teilsysteme abgrenzen (Abb. 2). Jedes Teilsystem hat ebenfalls eine Umgebung. Beim Zerlegen in Teilsysteme erhält man ein genaueres Verständnis von Teilfunktionen des Gesamtsystems.

Teilsysteme sind Untersysteme des Gesamtsystems. Sie verwirklichen **Teilfunktionen** des Gesamtsystems.

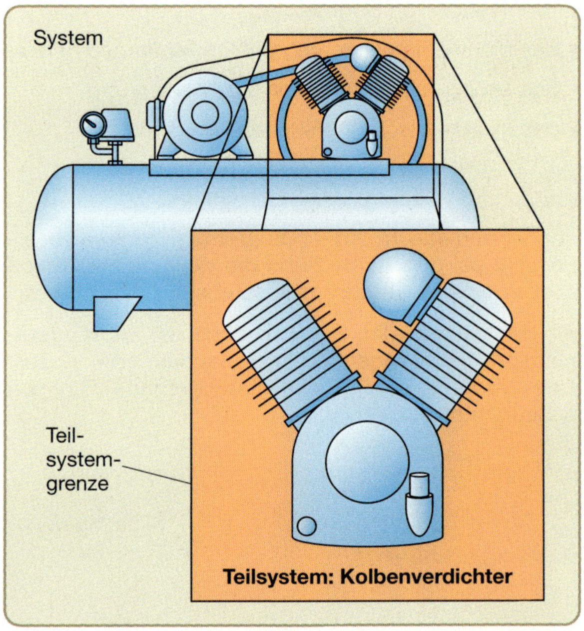

Abb. 2: Teilsystem Kolbenverdichter

Aus der Druckerzeugungsanlage lässt sich der Kolbenverdichter als Teilsystem abgrenzen. Der Verdichter ist über das Keilriemengetriebe mit dem Elektromotor verbunden. Solange der Motor eingeschaltet ist, wird dem Verdichter Bewegungsenergie zugeführt. Die Bewegungsenergie ist die Eingangsgröße für den Verdichter. Der Verdichter wandelt die Bewegungsenergie in Druckenergie um. Die Druckenergie ist die Ausgangsgröße des Kolbenverdichters. Sie wird als Druckluft im Druckbehälter gespeichert. Man erkennt Energie- und Stoffflüsse zwischen den Teilsystemen der Anlage.

Die Ein- und Ausgangsgrößen des Teilsystems sind Energie-, Stoff- und Informationsflüsse innerhalb des Gesamtsystems. Die Funktion eines Teilsystems stellt eine Teilfunktion innerhalb des Gesamtsystems dar.

1.1.2 Physikalische Grundlagen

Die Eingangsgrößen und Ausgangsgrößen eines Systems können unter dem Gesichtspunkt der Menge zahlenmäßig erfasst werden. Es lässt sich angeben, welche Menge an Energie oder Stoff einem System zugeführt und von einem System abgegeben wird.

1.1.2.1 Arbeit und Energie

Die mit Druckluft angetriebenen Geräte sind in der Lage Arbeit zu verrichten. Ein Pneumatikzylinder, der Werkstücke aus einer Vorrichtung auswirft, muss eine Kraft aufbringen, um das Werkstück entlang eines Weges zu verschieben (Abb. 3).

Arbeit im physikalischen Sinn ist eine messbare Größe. Als **Arbeit** bezeichnet man das Produkt aus **Kraft *F*** und **Weg *s*** (➡*TAB*). Dabei wirkt die Kraft in Richtung des Weges.

Arbeit = Kraft · Weg	$W = F \cdot s$

Aus der Gleichung ergibt sich die Einheit für die Arbeit als Newtonmeter (Nm). Die Einheit wird auch mit **Joule**[1] **J** bezeichnet. Dabei gilt: **1 Nm = 1 J**.

> Die **Arbeit** von **1 J** wird verrichtet, wenn eine Kraft von 1 N einen Körper um eine Strecke von 1 m in Wirkrichtung der Kraft verschiebt.

Damit der Pneumatikzylinder Arbeit verrichten kann, muss ihm Energie in Form von Druckluft zugeführt werden.

> **Energie *E*** ist die Fähigkeit eines Körpers bzw. Mediums Arbeit zu verrichten.

Da Energie und Arbeit ineinander umgewandelt werden können, haben beide die Einheit **Joule J**.

Es gibt verschiedene Arten von Energien, z. B.:

- mechanische Energie,
- elektrische Energie,
- chemische Energie,
- thermische Energie.

Mechanische Energie kann unterteilt werden in potentielle Energie (Lageenergie) und kinetische Energie (Bewegungsenergie).

Potentielle Energie ist das Arbeitsvermögen, das ein Körper aufgrund seiner Höhenlage besitzt. Sie hängt von der Gewichtskraft und der Höhenveränderung des Körpers ab.

Kinetische Energie ist das Arbeitsvermögen eines bewegten Körpers. Sie hängt von der Masse und der Geschwindigkeit des Körpers ab.

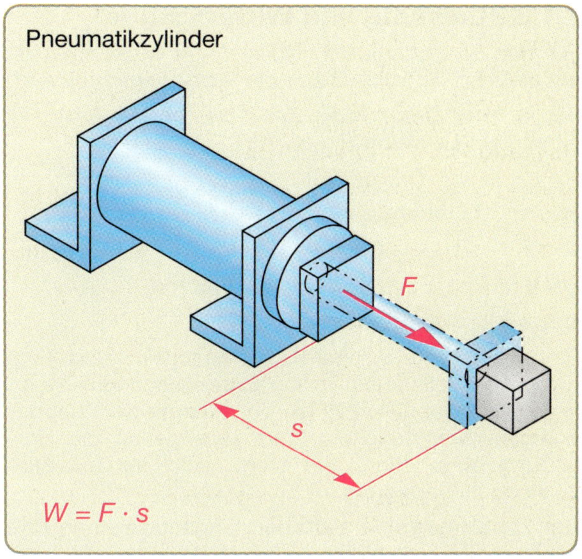

Abb. 3: Verschiebearbeit eines Pneumatikzylinders

Mit Hilfe von Maschinen können Energiearten ineinander umgewandelt werden. Die elektrische Energie, die einem Elektromotor zugeführt wird, wird in kinetische Energie umgewandelt.

Bei jeder Energieumwandlung kann nur ein Teil der zugeführten Energie in technisch nutzbare Energie umgewandelt werden. Ein anderer Teil wird an die Umgebung zumeist als Wärmeenergie abgegeben. Sie geht für die technische Nutzung verloren. Der Energiefluss in einem System lässt sich mit einem Sankey[2]-Diagramm oder Energieflussbild veranschaulichen (Abb. 4).

In jedem Fall ist jedoch die einem System zugeführte Menge an Energie gleich der abgeführten Menge an Energie.

Bei einer Energieumwandlung kann keine Energie gewonnen werden und keine Energie verloren gehen.

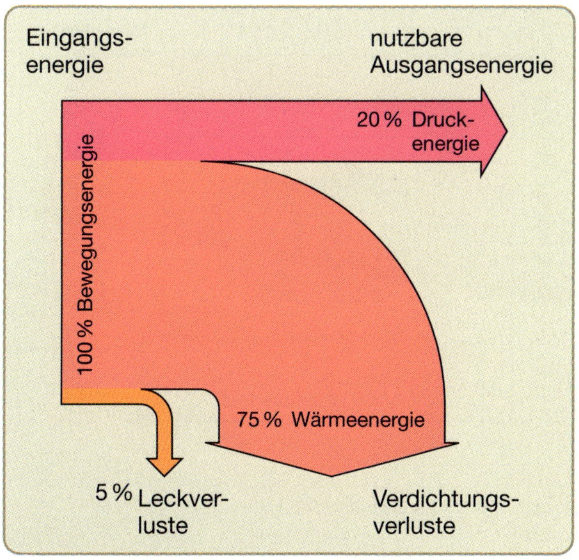

Abb. 4: Energieflussbild eines Kolbenverdichters

1 JAMES PRESCOT JOULE engl. Physiker (1818 - 1889)
2 M. H. P. R. SANKEY irisch. Ingenieur (1853 - 1889)

1.1.2.2 Leistung und Wirkungsgrad

Für den wirtschaftlichen Nutzen von Maschinen ist maßgebend, in welcher Zeit die Arbeit verrichtet wird.

Die in einer bestimmten Zeit *t* verrichtete Arbeit *W* nennt man **Leistung *P***. (➡*TAB*)

$$\textbf{Leistung} = \frac{\text{Arbeit}}{\text{Zeit}} \qquad P = \frac{W}{t}$$

Die Einheit der Leistung ist das **Watt**[1] **W**.

Dabei gilt: **1 J/s = 1 Nm/s = 1 W**.

Die einem System zugeführte Eingangsleistung (P_{ing}) wird nicht vollständig in nutzbare Ausgangsleistung (P_{exi}) umgewandelt. Ein Teil der Energie wird bei der Energieumwandlung als Wärmeenergie an die Umgebung abgegeben. Sie steht nicht als nutzbare Leistung zu Verfügung.

Der Zusammenhang zwischen Eingangsleistung und Ausgangsleistung wird mit dem Wirkungsgrad (η) angegeben. Der Wirkungsgrad sagt etwas über den Grad der Umwandlung aus.

Der **Wirkungsgrad** η gibt das Verhältnis von Ausgangsleistung zu Eingangsleistung an. Er ist stets **kleiner** als 1.

$$\textbf{Wirkungsgrad} = \frac{\text{Ausgangsleistung}}{\text{Eingangsleistung}} \qquad \eta = \frac{P_{exi}}{P_{ing}}$$

Der Elektromotor zum Antreiben des Verdichters nimmt aus dem Stromnetz eine bestimmte elektrische Leistung (Eingangsleistung) auf. Die abgegebene mechanische Leistung (Ausgangsleistung) ist geringer. Bei der Umwandlung treten Verluste auf. Der Wirkungsgrad eines Elektromotors beträgt etwa 0,9 (Abb. 1).

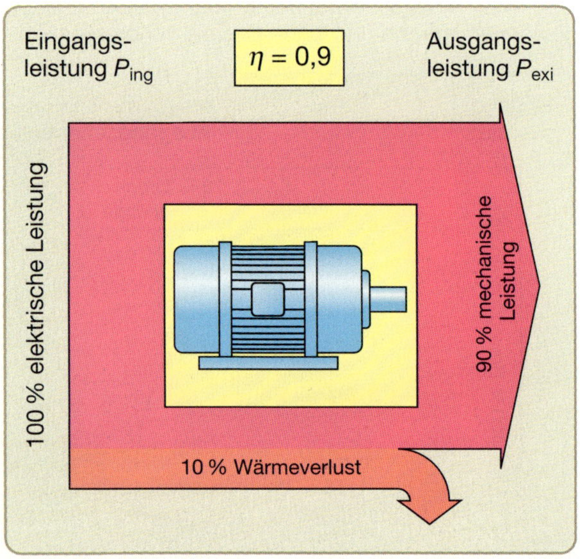

Abb. 1: Wirkungsgrad eines Elektromotors

[1] James Watt engl. Mechaniker (1736 - 1819)

1.1.2.3 Massen- und Volumenstrom

In technischen Systemen findet neben dem Energieumsatz auch ein Stoffumsatz statt. So wird von dem Verdichter der Druckerzeugungsanlage Luft angesaugt und als Druckluft abgegeben (Abb. 2).

Stoffe können in unterschiedlichen Aggregatzuständen (fest, flüssig, gasförmig) und unterschiedlichen Formen vorliegen. In der Fertigungstechnik werden formlose Stoffe (Gase, Flüssigkeiten, Pulver, Granulat) und Stoffe mit geometrisch bestimmter Form (Halbzeug, Rohteil, Fertigteil) unterschieden.

Die Menge des Stoffumsatzes in einem System wird durch den Massenstrom bzw. den Volumenstrom angegeben. Hierbei handelt es sich um die in einer bestimmten Zeiteinheit transportierte Masse bzw. das in einer Zeiteinheit geförderte Volumen.

Der **Massenstrom** $\dot{m}$ ist gleich der in einer bestimmten Zeit *t* transportierten Masse *m*. (➡*TAB*)

$$\textbf{Massenstrom} = \frac{\text{Masse}}{\text{Zeit}} \qquad \dot{m} = \frac{m}{t}$$

Einheiten des Massenstroms sind z. B. kg/s oder t/h.

Der **Volumenstrom** $\dot{V}$ ist gleich dem in einer bestimmten Zeit *t* geförderten Volumen *V*.

Der Volumenstrom kennzeichnet die Größe des Stoffflusses flüssiger oder gasförmiger Stoffe. Anstelle des Formelzeichens $\dot{V}$ wird auch das Formelzeichen ***Q*** verwendet.

$$\textbf{Volumenstrom} = \frac{\text{Volumen}}{\text{Zeit}} \qquad \dot{V} = \frac{V}{t}$$

Einheiten des Volumenstroms sind z. B. l/min, l/s oder m^3/min.

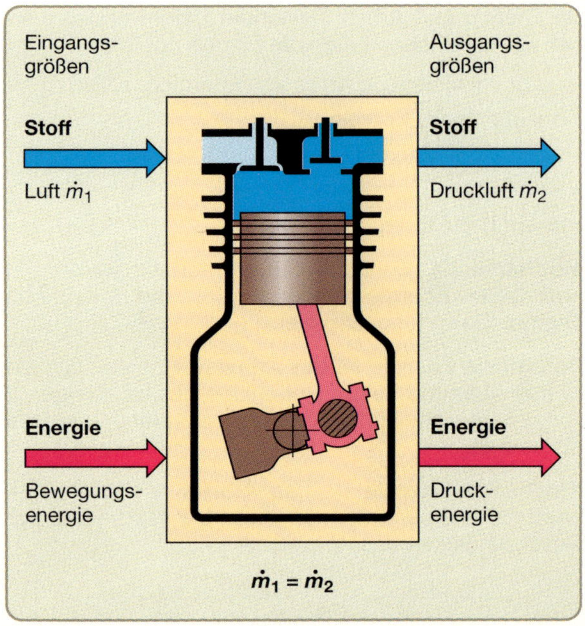

Abb. 2: Stoffumsatz in einem Kolbenverdichter

1.1.2.4 Informationen und Signale

In der Technik werden Informationen durch physikalische Größen (z. B. Druckzustand, elektrische Spannung, Winkeländerung) dargestellt. Die Darstellung von Informationen durch physikalische Größen bezeichnet man als **Signale**.

Ein **Signal** ist die Darstellung einer Information durch eine physikalische Größe.

Signale können in analoger, digitaler oder binärer Form vorliegen (Abb. 3).

Die Anzeige eines Druckzustandes erfolgt bei einem Manometer durch einen Zeiger auf einem Skalenblatt. Der Druckzustand wird ununterbrochen erfasst und dargestellt. Die Information über den Druck erfolgt durch analoge Signale. **Analog** ist ein Signal, wenn eine physikalische Größe stetig (ununterbrochen) dargestellt wird.

Die Anzeige des Druckzustandes kann auch durch Ziffern erfolgen. Der Druckzustand wird dann schrittweise dargestellt. Die Information über den Druck erfolgt dann durch ein digitales Signal. **Digital** ist ein Signal, wenn eine physikalische Größe schrittweise dargestellt wird.

Entsprechend dem Druckzustand in der Druckerzeugungsanlage schaltet ein Druckschalter den elektrischen Strom zum Elektromotor ein bzw. aus. Die Information über den Druck erfolgt durch ein zweiwertiges Signal (EIN/AUS). **Binär** ist ein Signal, wenn eine physikalische Größe nur durch zwei Werte dargestellt wird.

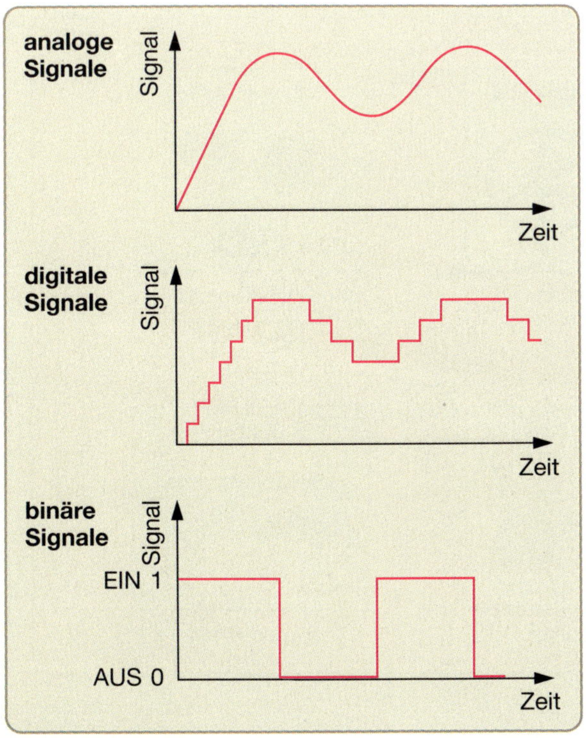

Abb. 3: Signalformen

Aufgaben

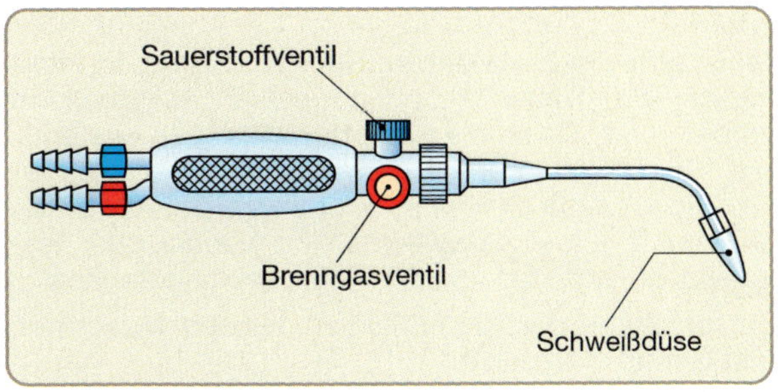

1. Geben Sie an, wodurch der Schweißbrenner mit

a) anderen technischen Systemen,

b) der Umwelt,

c) dem Menschen

in Verbindung steht.

2. Nennen Sie die Eingangsgrößen und Ausgangsgrößen für den Schweißbrenner, geordnet nach Energie, Stoff und Information.

3. Bestimmen Sie die Hauptfunktion des Schweißbrenners.

4. Entwerfen Sie für den Schweißbrenner die Blockdarstellung.

5. Ziehen Sie die Systemgrenze für das Teilsystem Elektromotor der Druckerzeugungsanlage.

a) Geben Sie die Systemumgebung an, mit der der Elektromotor in Verbindung steht.

b) Stellen Sie die Eingangsgrößen und die Ausgangsgrößen für den Elektromotor als Block dar.

6. Geben Sie die Größen an, mit denen

a) der Energieumsatz,

b) der Stoffumsatz

eines technischen Systems erfasst wird.

7. Bei der Energieumsetzung durch einen Ottomotor treten Verluste durch Kühlung (33 %), Abgase (36 %) und Reibung (4 %) auf.

a) Zeichnen Sie das Energieflussbild.

b) Bestimmen Sie den Wirkungsgrad.

8. Erläutern Sie, was man unter einem Signal versteht.

9. Fußgängerampeln regeln das Überqueren einer Straße.

a) Durch welche Signale erfolgt das?

b) Welche Informationen übermitteln die Signale jeweils?

10. Unterscheiden Sie die Signalformen bei der Zeitanzeige durch eine Armbanduhr mit

a) Zeiger und Ziffernblatt,

b) Ziffern.

1.2 Hauptfunktionen technischer Systeme

Technische Systeme setzen Energie, Stoff und Information um. Dabei steht eine dieser Aufgaben im Vordergrund. Sie ist die **Hauptfunktion** des Systems. Die Hauptfunktion erfüllt den eigentlichen Zweck eines Systems, für den es entwickelt wurde. Alle anderen Funktionen eines Systems sind Neben- oder Teilfunktionen und sind von der Hauptfunktion abhängig.

Entsprechend der Hauptfunktion werden Maschinen und Geräte unterteilt in

- energieumsetzende Systeme,
- stoffumsetzende Systeme und
- informationsumsetzende Systeme.

1.2.1 Energieumsetzende Systeme

Die Druckerzeugungsanlage ist ein energieumsetzendes System. Ihre Hauptfunktion besteht darin, elektrische Energie in Druckenergie umzusetzen.

Die **Energieumsetzung** in der pneumatischen Anlage erfolgt auf unterschiedliche Art und Weise (Abb. 1). Der Elektromotor wandelt elektrische Energie (Eingangsgröße) in Bewegungsenergie um. Das Keilriemengetriebe formt dabei das Drehmoment und die Umdrehungsfrequenz um. Im Verdichter wird die Bewegungsenergie in Druckenergie umgewandelt. Der Druckluftbehälter speichert die Druckenergie. Rohrleitungen oder Schläuche transportieren die Druckluft zu den einzelnen Druckluftgeräten. Die Druckluftgeräte wandeln die Druckenergie in Bewegungsenergie (Ausgangsgröße) zurück.

Die Energieumsetzung in technischen Systemen erfolgt durch

- **Umwandlung** einer Energieart,
- **Umformung** unter Beibehaltung der Energieart,
- **Transport** zur Veränderung von Lage und Ort und
- **Speicherung** der Energie zur Überbrückung der Zeit.

Neben der Energieumsetzung finden auch Stoff- und Informationsumsetzungen statt. Die wichtigste **Stoffumsetzung** ist das Verdichten der angesaugten Luft zu Druckluft. Die **Informationsumsetzung** steuert die Energieumsetzung in der Anlage z. B. durch Ein- und Ausschalten des Elektromotors.

Tab. 1: Arten der Energieumsetzung in technischen Systemen

Energieumsetzung	Systeme/Teilsysteme
Energieumwandlung	Verdichter, Ottomotor, Elektromotor, Heizungsanlage
Energieumformung	mechanische und hydraulische Getriebe, Transformatoren
Energietransport	Rohre, elektrische Leitungen
Energiespeicherung	Druckluftbehälter, Batterien, Gasflaschen

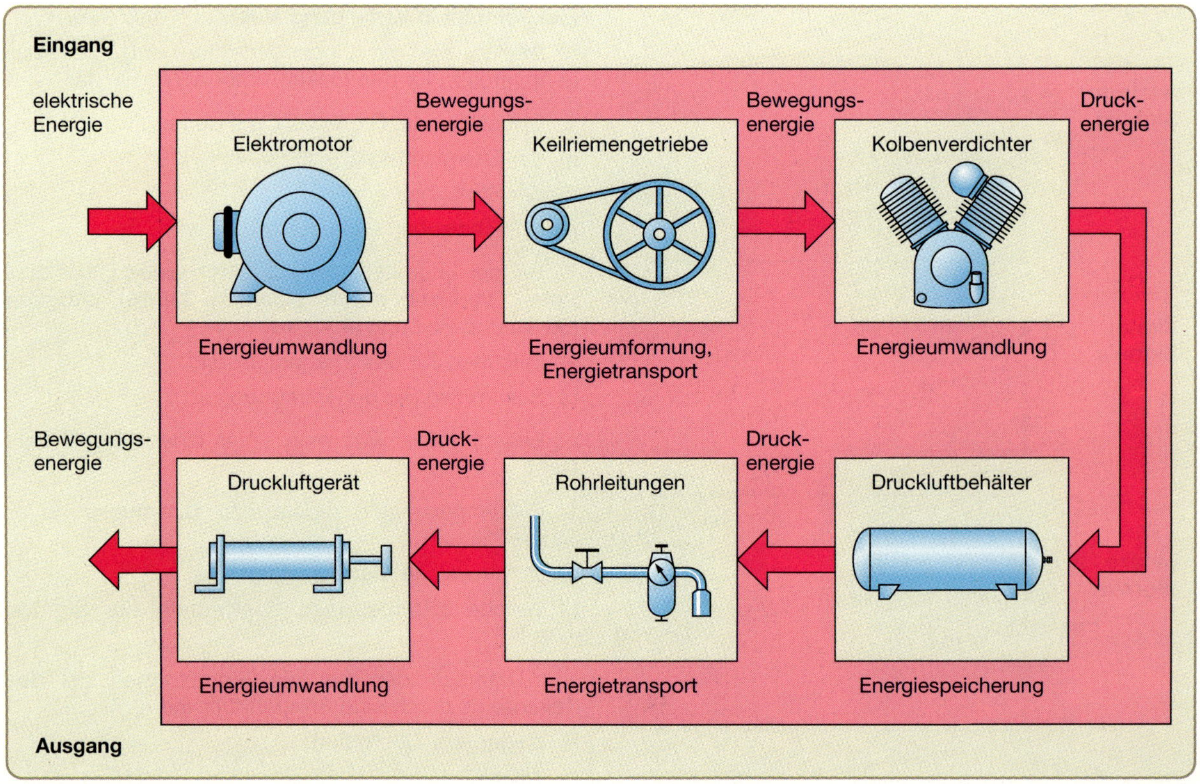

Abb. 1: Energieumsetzung in einer pneumatischen Anlage

1.2.1.1 Energieumsetzende Maschinen

Energieumsetzende Maschinen (Energiemaschinen) stellen die erforderliche Energiemenge und Energieform für einen Arbeitsprozess zur Verfügung. Dabei wird Energie umgewandelt. An der Umwandlung ist mechanische Energie beteiligt.

Energiemaschinen werden auch **Kraftmaschinen** genannt. Je nach Art der eingesetzten Energie werden Kraftmaschinen unterteilt in:

- Wärmekraftmaschinen, z. B. Ottomotore,
- Elektrische Maschinen, z. B. Elektromotore,
- Strömungsmaschinen, z. B. Druckluftmotore,
- Windkraftmaschinen, z. B. Windräder,
- Wasserkraftmaschinen, z. B. Wasserturbinen.

Die Wärmekraftmaschine Ottomotor (Abb. 2) wandelt chemische Energie in Bewegungsenergie um.

Dem Motor wird die notwendige Energie zur **Energieumsetzung** als chemische Energie mit dem Kraftstoff zugeführt (Eingangsgröße). Beim Verbrennen des Kraftstoffes entstehen zunächst Wärmeenergie und Druckenergie. Die Druckenergie wird über Kolben, Pleuel und Kurbelwelle in Bewegungsenergie (Ausgangsgröße) umgewandelt.

Im Ottomotor wird etwa 25 % der zugeführten chemischen Energie in nutzbare Bewegungsenergie umgewandelt. Ein großer Teil der erzeugten Wärmeenergie wird über die Abgase und die Kühlung des Motors an die Umgebung abgegeben (weitere Ausgangsgrößen).

Die Energieumsetzung im Ottomotor ist eng mit der **Stoffumsetzung** verbunden. Die zugeführte Energie ist im Kraftstoff als chemische Energie gebunden.

Der für eine Verbrennung notwendige Sauerstoff wird mit der Luft angesaugt und als Kraftstoff-Luftgemisch (Eingangsgröße) dem Motor zugeführt und nach der Verbrennung als Abgas (Ausgangsgröße) abgeführt.

Damit sich der Motor nicht zu stark erwärmt, muss er gekühlt werden. Das erfolgt durch Luft, die den Motor außen umströmt, und durch ein Kühlmittel, das über eine Kühlmittelpumpe durch den Motorblock gepumpt wird (weitere Eingangs- und Ausgangsgrößen).

Durch **Informationsumsetzung** wird die Menge des zugeführten Kraftstoffes gesteuert. Das erfolgt über das Gaspedal (Eingangsgröße). Zur Kontrolle werden Informationen über Kühlmitteltemperatur, Öldruck und Umdrehungsfrequenz des Motors angezeigt (Ausgangsgröße).

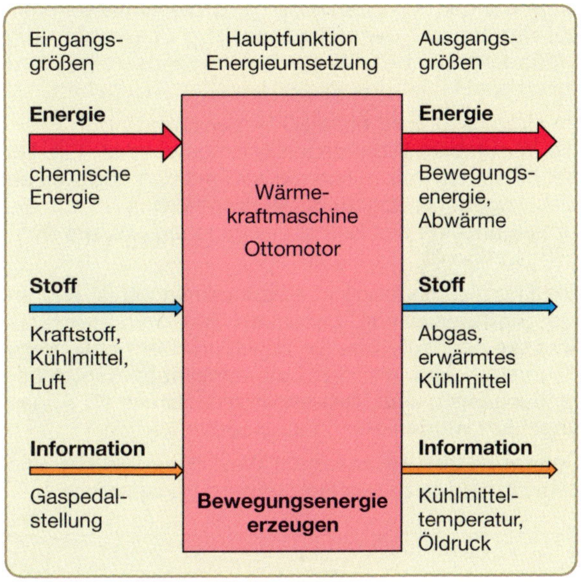

Abb. 3: Blockdarstellung eines Ottomotors

Abb. 2: Schnittbild eines Vierzylinder Ottomotors

1.2.1.2 Energieumsetzende Anlagen

In energieumsetzenden Anlagen wird die zugeführte Energie direkt in Wärmeenergie umgewandelt. Mechanische Energie ist nicht an der Umwandlung beteiligt.

Bei einer Heizungsanlage mit Gasgebläsebrenner wird chemische Energie (Gas) in Wärmeenergie umgewandelt (Abb. 1).

Zur **Energieumsetzung** wird das Gas über Rohrsysteme zum Brenner transportiert (Eingangsgröße). Im Brenner wird das Gas mit der angesaugten Luft gemischt und gezündet. Durch die Verbrennung wird die chemische Energie des Gases in Wärmeenergie umgewandelt. Im Heizkessel wird die Wärmeenergie auf das Wasser der Heizungsanlage übertragen. Die Wärmeenergie des Wassers (Ausgangsgröße) wird durch die Heizkörper an die Raumluft abgegeben.

Im Heizkessel wird etwa 90 % der zugeführten Energie in nutzbare Wärmeenergie umgewandelt. Ein Teil der erzeugten Wärmeenergie wird mit den Abgasen an die Umgebung abgeführt. Wärme wird auch an die Umgebungsluft des Kessels abgegeben (weitere Ausgangsgrößen).

Die Energieumsetzung in Heizungsanlagen ist eng an die **Stoffumsetzung** gebunden. Mit dem Brenngas wird die benötigte Energie zugeführt. Der notwendige Sauerstoff wird mit der Luft angesaugt (Eingangsgrößen). Nach dem Verbrennen müssen sie als Abgas abgeführt werden (Ausgangsgröße).

Das im Heizkessel erwärmte Wasser wird durch eine Umwälzpumpe zu den Heizkörpern transportiert. Das abgekühlte Wasser wird wieder zum Kessel zurückgeführt (weitere Eingangs- und Ausgangsgröße).

Durch **Informationsumsetzung** wird die Stoff- und Energieumsetzung in der Anlage beeinflusst. Das geschieht über die Steuerung von Brenner, Mischer und Umwälzpumpe. Zur Steuerung werden Informationen über die Temperaturzustände in der Anlage und der Umgebung benötigt. Entsprechend den Temperaturen werden Brenner, Mischer und Umwälzpumpe geschaltet (Eingangsgröße). Dazu werden Wassertemperatur, Raumtemperatur (Ausgangsgrößen) und Außentemperatur gemessen.

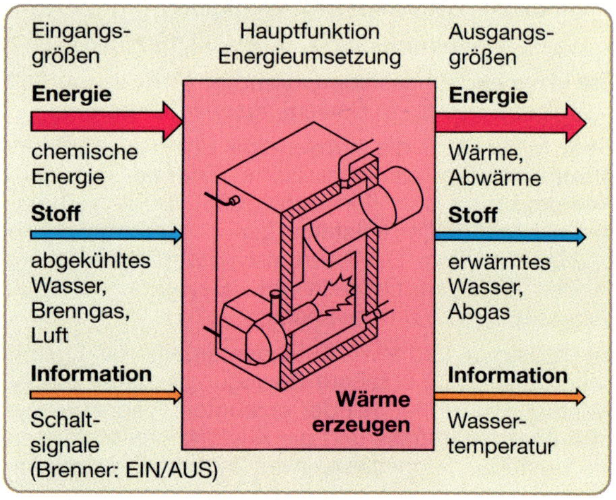

Abb. 2: Blockdarstellung eines Heizkessels

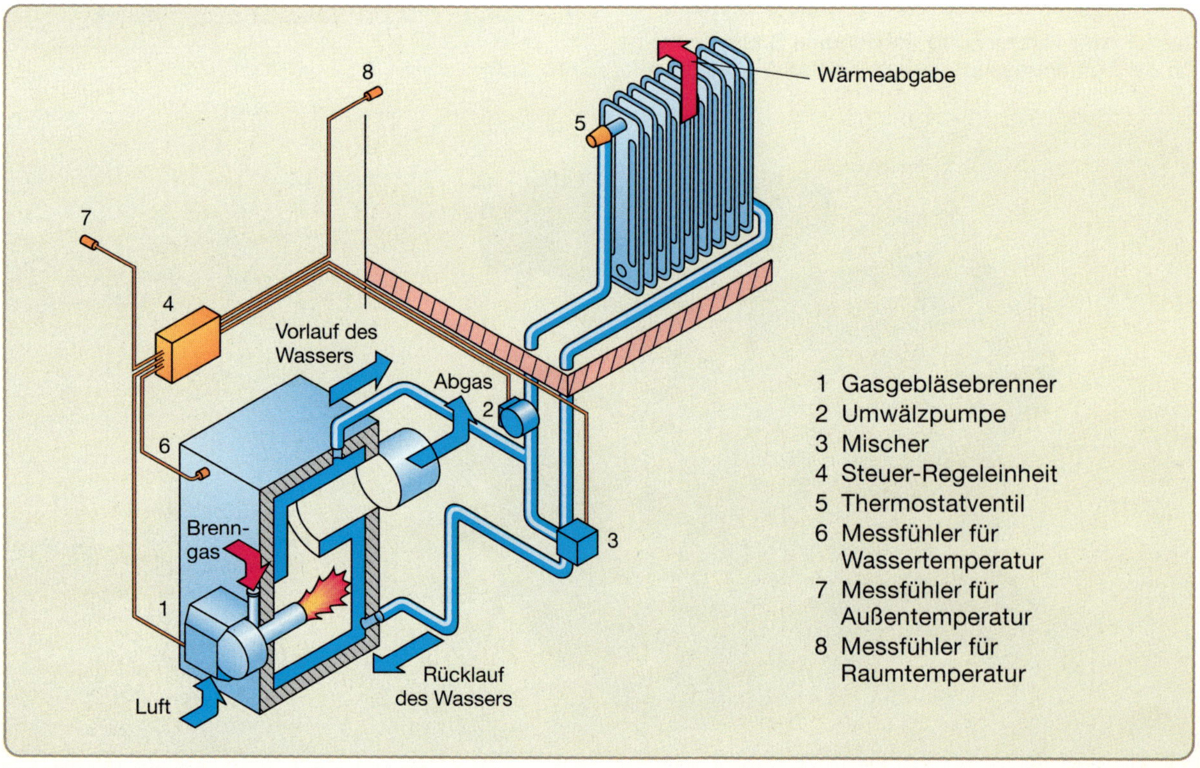

Abb. 1: Schemazeichnung einer Heizungsanlage

1.2.2 Stoffumsetzende Systeme

Stoffumsetzende Systeme sind alle Maschinen und Geräte mit der **Hauptfunktion Stoffumsetzung**. Je nach der Funktion lassen sich verschiedene Arten der Stoffumsetzung unterscheiden:

- **Umwandlung** eines Stoffes durch Verändern seiner Zusammensetzung oder seines inneren Aufbaus zu einem anderen Stoff mit veränderten Eigenschaften,
- **Umformung** eines Stoffes durch Verändern seiner äußeren Form,
- **Transport** als Veränderung von Lage und Ort und
- **Speicherung** von Stoff zum Überbrücken von Zeit.

Nach der Art der Stoffumsetzung unterteilt man technische Systeme in:

- **Verfahrenstechnische Anlagen**, hierzu gehören alle Anlagen, in denen eine Stoffumwandlung stattfindet.
- **Maschinen zur Formänderung**, hierzu gehören z. B. alle Werkzeugmaschinen zur spanenden und spanlosen Formänderung.
- **Maschinen zur Lageänderung**, hierzu gehören alle Hebezeuge und Fördermittel, mit denen Stück- und Schüttgut, Flüssigkeiten und Gase transportiert werden.
- **Lagersysteme**, hierzu gehören alle Anlagen, in denen Werkstoffe, Werkzeuge u. ä. bevorratet und bereitgestellt werden.

Tab. 1: Arten der Stoffumsetzung in technischen Systemen

Stoffumsetzung	Systeme/Teilsysteme
Stoffumwandlung	Hochöfen, Konverter, Härteanlagen, Raffinerien
Stoffumformung	Werkzeugmaschinen, Walzwerke, Druckgussmaschinen
Stofftransport	Hebezeuge, Förderanlagen, Pumpen, Gebläse
Stoffspeicherung	Materiallager, Werkzeugmagazine, Flüssigkeitstanks

Die Stoffumsetzung ist immer an eine Energieumsetzung gebunden. Formänderung oder Transport eines Stoffes ist nur durch Einsatz von Energie möglich. Werkzeugmaschinen oder Fördermittel müssen darum von Energiemaschinen angetrieben werden.

Außerdem sind Informationen umzusetzen, die die Änderung der Form oder der Lage festlegen und steuern. Dabei kann die Stoffumsetzung oder die Energieumsetzung beeinflusst werden.

1.2.2.1 Maschinen zur Formänderung

Typische Maschinen mit der Funktion Formändern (Stoffumformung) sind Werkzeugmaschinen zum Umformen, Trennen und Fügen.

Bei der Formänderung des Werkstoffs wird Arbeit verrichtet. Werkzeugmaschinen werden deshalb auch als Arbeitsmaschinen bezeichnet. Damit die Formänderungsarbeit an Werkzeugmaschinen erfolgen kann, muss ihnen Energie zugeführt werden. Dazu werden Werkzeugmaschinen durch Energiemaschinen, z. B. Elektromotore, angetrieben.

Je nach Fertigungsverfahren unterscheidet man

- **Werkzeugmaschinen zum Urformen**,
  z. B. Druckgussmaschinen, Formteilpressen für Sinterteile, Extruder für Kunststoffe,
- **Werkzeugmaschinen zum Umformen**,
  z. B. Schmiedepressen, Biegemaschinen, Abkantmaschinen,
- **Werkzeugmaschinen zum Trennen**,
  z. B. Drehmaschinen, Bohrmaschinen, Scheren,
- **Werkzeugmaschinen zum Fügen**,
  z. B. Schweißanlagen.

Eine Universal-Sägemaschine (Abb. 3) verändert die Form von Stoff durch Trennen.

Bei der **Stoffumsetzung** mit der Säge werden Halbzeuge auf Rohteilmaß abgelängt. Die Ausgangsform des Halbzeuges (Eingangsgröße) wird in die Endform des Rohteils mit bestimmten Abmessungen (Länge, Gehrung) geändert (Ausgangsgröße). Dazu wird mit einem Sägeblatt der Werkstoff des Halbzeugs zerspant (Abb. 1, S. 14).

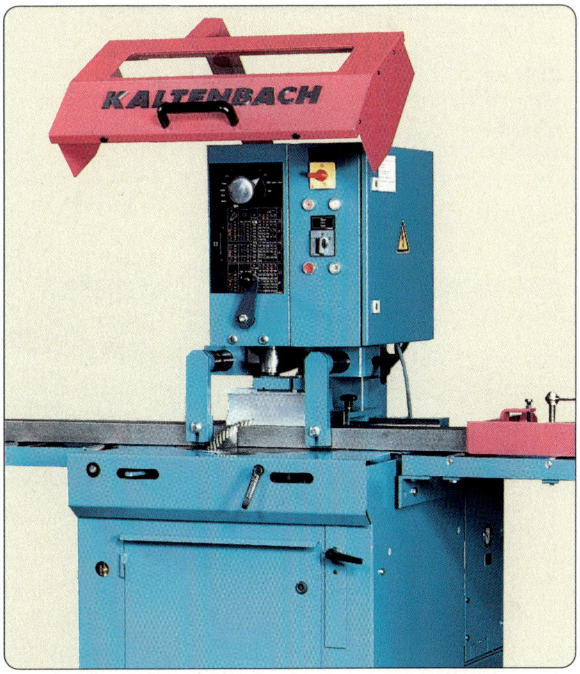

Abb. 3: Universal-Sägemaschine

Damit die Form des Halbzeugs verändert werden kann, muss es zum Sägeblatt (Wirkstelle) transportiert werden. Dazu sind Rollenbahnen an der Säge angebracht. Die beim Trennen anfallenden Späne (weitere Ausgangsgröße) werden vom Sägeblatt mitgenommen und fallen in eine Späneschublade.

Zur Stoffumsetzung ist **Energieumsetzung** notwendig. Ein Elektromotor wandelt dazu elektrische Energie (Eingangsgröße) in mechanische Energie um. Die mechanische Energie treibt das Sägeblatt an. Das Sägeblatt verrichtet an der Wirkstelle Zerspanungsarbeit (Ausgangsgröße). Der Werkstoff wird mit einer bestimmten Geschwindigkeit, der Schnittgeschwindigkeit, zerspant. Beim Zerspanen des Werkstoffs entsteht Wärme, die abgeleitet werden muss (weitere Ausgangsgröße).

Der Transport des Halbzeugs und des abgesägten Rohteils erfordert ebenfalls Energie. Sie wird bei nicht automatischen Sägemaschinen vom Menschen aufgebracht. Auch das Spannen des Halbzeugs erfordert Energie. Sie wird durch einen hydraulischen Zylinder aufgebracht.

Die **Informationsumsetzung** steuert die Energieumsetzung in der Maschine und legt die Form des Werkstücks fest. Entsprechend der Einstellung des Längenanschlags und des drehbaren Sägetisches (Eingangsgröße) werden die Abmessungen des Werkstücks (Ausgangsgröße) bestimmt.

Schaltsignale (weitere Eingangsgröße) schalten die Maschine ein und legen die Umdrehungsfrequenz und den Vorschub fest. Die Stellung der Schalter und Leuchtanzeigen zeigen den Betriebszustand der Maschine an (weitere Ausgangsgröße).

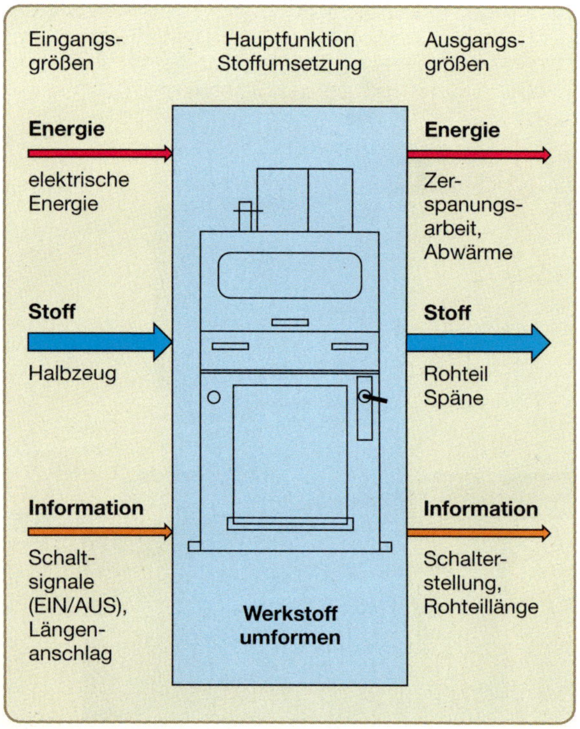

Abb. 1: Blockdarstellung einer Sägemaschine

1.2.2.2 Maschinen zur Lageänderung

Mit Maschinen zur Lageänderung werden formlose Stoffe (Gase, Flüssigkeiten, Pulver, Granulat) und Stoffe mit geometrisch bestimmter Form (Halbzeuge, Rohteile, Fertigteile, Werkzeuge) transportiert. Bei dem Transport wird Arbeit, z. B. als Hubarbeit, verrichtet. Damit Arbeit verrichtet werden kann, muss den Maschinen Energie zugeführt werden.

Je nach Art des Transports unterscheidet man:

- **Hebezeuge und Krananlagen**, z. B. Krane, Hebebühnen,
- **Flurfördermittel**, z. B. Gabelstapler,
- **mechanische, pneumatische und hydraulische Fördermittel**, z. B. Förderbänder, Förderschnecken, Gebläse und Pumpen.

Maschinen zur Lageänderung sind stoffumsetzende Systeme mit der Funktion des Stofftransports.

Zum Abführen der Wärme, die beim Sägen entsteht, werden Kühlschmierstoffe eingesetzt. In die Universalsägemaschine ist dazu das Teilsystem Kühlmittelkreislauf eingebaut (Abb. 2). Eine Pumpe erzeugt den notwendigen Kühlschmierstoffstrom.

Die Hauptfunktion der Pumpe ist es, genügend Kühlschmierstoff zum Abführen der Zerspanungswärme an die Wirkstelle zu transportieren. Die Pumpe ist ein stoffumsetzendes System mit der Funktion des Stofftransports.

Zur **Stoffumsetzung** fördert die Pumpe Kühlschmierstoff aus dem Behälter (Eingangsgröße) und drückt den Stoff in die Kühlmittelleitung. Die Leitung führt den Kühlschmierstoff zum Sägeblatt (Ausgangsgröße). Von dort fließt der Kühlschmierstoff zurück in den Behälter im Maschinenfuß.

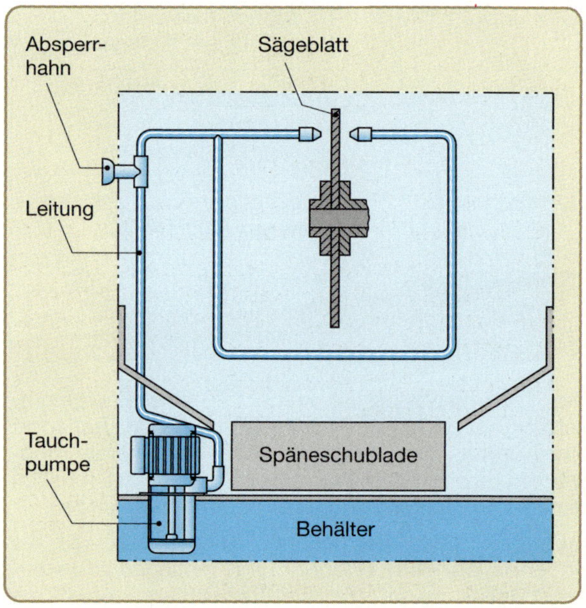

Abb. 2: Kühlmittelkreislauf einer Sägemaschine

Der Stofftransport erfolgt unter entsprechender **Energieumsetzung**. Die Pumpe wird durch einen Elektromotor angetrieben. Der Motor nimmt dazu elektrische Energie aus dem Stromnetz auf (Eingangsgröße). Um das Kühlmittel aus dem Behälter auf die Höhe des Sägeblattes zu pumpen, verrichtet die Pumpe Hubarbeit (Ausgangsgröße). Die Energie wird auf den Kühlmittelstrom übertragen. Dabei geht ein Teil der Energie in Wärme über (Ausgangsgröße).

Die **Informationsumsetzung** dient zur Steuerung der Energie- und Stoffumsetzung im Kühlmittelkreislauf. Über einen Schalter kann der Elektromotor der Pumpe ein- und ausgeschaltet werden (Eingangsgröße). Durch Unterbrechen der Stromzufuhr (Energie) wird auch der Stofffluss unterbrochen. Der Absperrhahn dagegen wirkt nur auf den Stofffluss. Durch Verstellen des Hahns (Eingangsgröße) wird die Menge des Kühlschmierstoffs verändert oder ganz abgestellt (Ausgangsgröße).

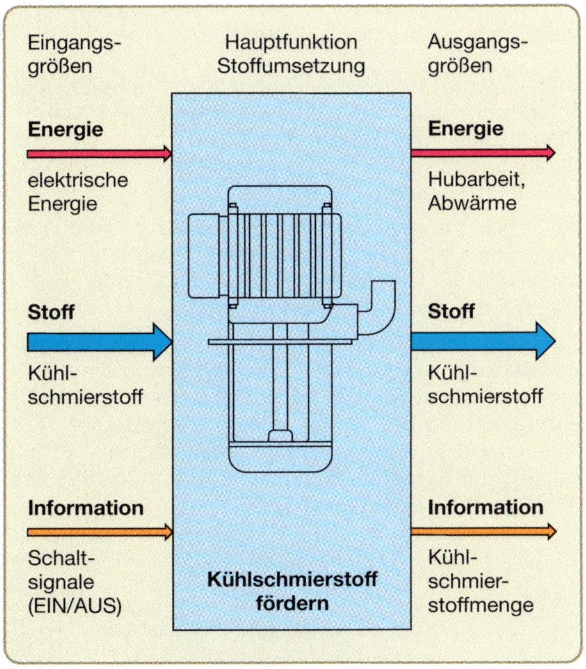

Abb. 3: Blockdarstellung einer Pumpe

1.2.3 Informationsumsetzende Systeme

Informationsumsetzende Systeme sind alle Maschinen und Geräte mit der **Hauptfunktion Informationsumsetzung**. Es lassen sich verschiedene Arten der Informationsumsetzung unterscheiden:

- **Umwandlung** von Informationen durch Verändern der Struktur, indem aus einer Anzahl von Informationen neue Informationen gewonnen werden.
- **Umformung** von Informationen durch Verändern der physikalischen Größe, mit der die Information dargestellt wird. Die Information selbst wird nicht verändert.
- **Transport** von Informationen und
- **Speicherung** von Informationen.

Tab. 1: Arten der Informationsumsetzung in technischen Systemen

Informationsumsetzung	Systeme/Teilsysteme
Informationsumwandlung	Mikroprozessor, elektronischer Taschenrechner
Informationsumformung	Lautsprecher, Lichtschranke, Verstärker
Informationstransport	Lichtleiter, Datenbus, ISDN-Netz
Informationsspeicherung	Lochstreifen, Magnetplatte, Diskette, CD-ROM

Je nach dem Zweck der Informationsumsetzung können u. a. folgende informationsumsetzende Systeme unterschieden werden:

- **Messgeräte**, mit denen Informationen über den Zustand (z. B. Druckzustand) eines Systems gewonnen werden.
- **Steuer- und Regeleinrichtungen**, mit denen die Stoff- oder Energieumsetzungen in technischen Systemen beeinflusst werden (vgl. Kapitel 5),
- **Datenverarbeitungsanlagen**, mit denen Informationen mittels Mikroprozessor gewonnen, verarbeitet und in geeigneter Form (z. B. Schriftstücke, Zeichnungen, Bildschirmanzeige) dargestellt werden (vgl. Kapitel 6).

1.2.3.1 Messgeräte

Messgeräte sind Informationssysteme, die physikalische Größen aufnehmen, verarbeiten und als Messwert ausgeben. Sie liefern Informationen über den Zustand anderer technischer Systeme oder Vorgänge in der Natur.

Manometer sind Messgeräte (Abb. 4). Sie messen den Druckzustand z. B. einer pneumatischen Anlage und zeigen den Wert des Druckes an.

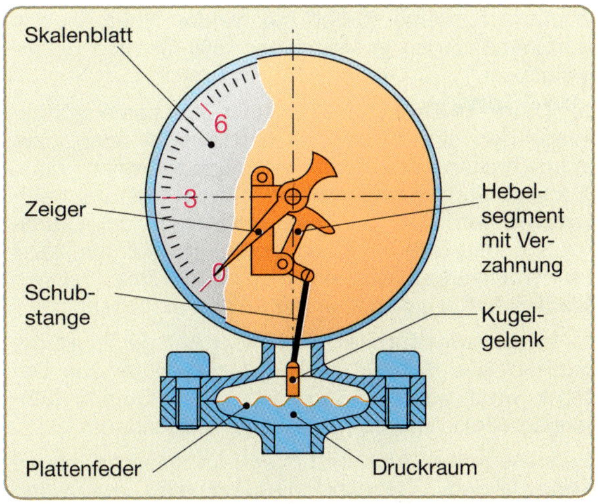

Abb. 4: Manometer als Plattenfeder-Druckmessgerät

Zur **Informationsumsetzung** nimmt im Druckmessgerät eine wellenförmig gekrümmte Plattenfeder den Druck auf. Sie wird durch den Druck mehr oder weniger stark durchgebogen (Eingangsgröße). Die Messgröße Druck wird in eine Längsverschiebung umgeformt. Die Längsverschiebung wird auf ein Hebelsystem übertragen und über den Zeiger vergrößert angezeigt (Ausgangsgröße).

Die Signalumsetzung ist mit einer, wenn auch geringen, **Energieumsetzung** verbunden. Die Druckenergie (Eingangsgröße) wird als Verschiebearbeit über Plattenfeder und Hebelsystem in das Gerät eingebracht. Zum Teil wird sie in der Plattenfeder vorrübergehend gespeichert und infolge von Reibung als Wärme an die Umgebung abgegeben (Ausgangsgröße).

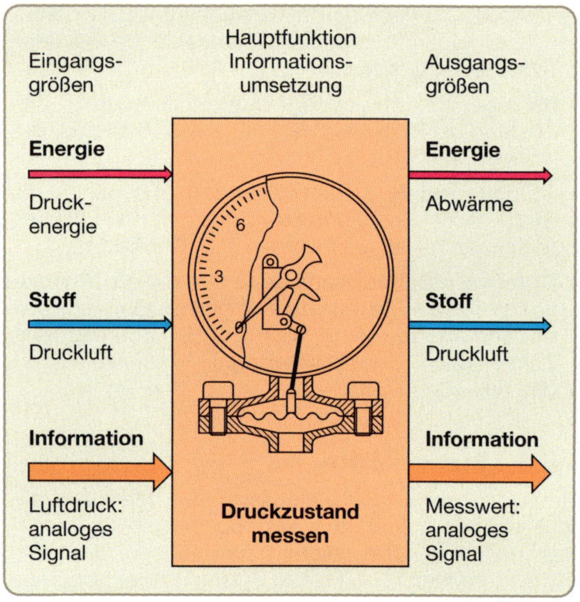

Abb. 1: Blockdarstellung eines Druckmessgerätes

1.2.3.2 Steuer- und Regeleinrichtungen

Steuer- und Regeleinrichtungen sind informationsumsetzende Systeme. Durch sie werden Energie- und Stoffumsetzungen in Maschinen und Geräten gezielt beeinflusst.

Der Druck im Druckbehälter einer Druckerzeugungsanlage darf eine bestimmte Größe nicht über- bzw. unterschreiten. Der Druck im Behälter sinkt, wenn Druckluft zum Betreiben von Druckluftgeräten entnommen wird. Die Energieumsetzung in der Druckerzeugungsanlage muss so beeinflusst werden, dass der Druckverlust ausgeglichen wird. Dazu ist ein **Druckschalter** (Abb. 2) in die Anlage eingebaut.

Zur **Informationsumsetzung** in der Anlage nimmt der Druckschalter den Druck im Druckbehälter auf. Der Druck wirkt auf eine Membrane aus Gummi (Eingangsgröße), die durch eine Feder vorgespannt ist.

Die Messgröße Druck wird in eine Längsverschiebung umgewandelt. Die Verschiebung wird auf einen Schalthebel übertragen. Bei Erreichen bestimmter

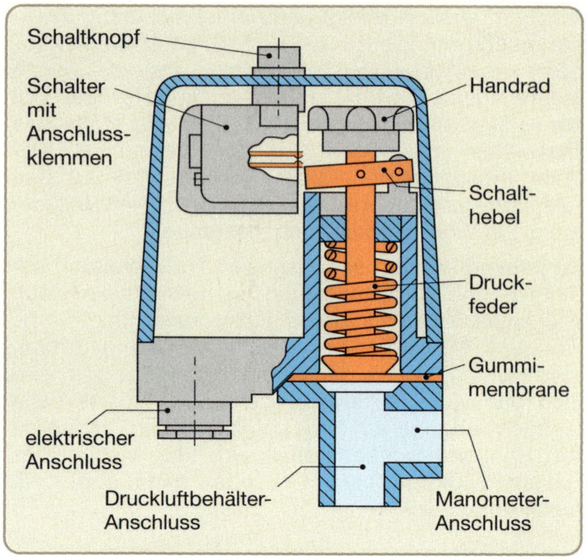

Abb. 2: Aufbau eines Druckschalters

Endstellungen werden die elektrischen Kontakte eines Schalters geöffnet bzw. geschlossen (Ausgangsgröße). Der Elektromotor und damit der Verdichter werden abhängig vom Druck in der Anlage ein- bzw. ausgeschaltet.

Der Druck, bei dem der Schaltkontakt ausgelöst wird, kann über ein Handrad eingestellt werden. Durch Verstellen des Handrades wird die Federkraft verändert, bei der der Schalthebel schaltet.

Die Informationsumsetzung ist mit einer **Energieumsetzung** verbunden. Die Druckenergie (Eingangsgröße) wird als Verschiebearbeit über die Gummimembrane in das Gerät eingebracht. Die Schaltsignale werden durch elektrischen Strom (Hilfsenergie) übertragen. Der Strom schaltet den Elektromotor (Ausgangsgröße).

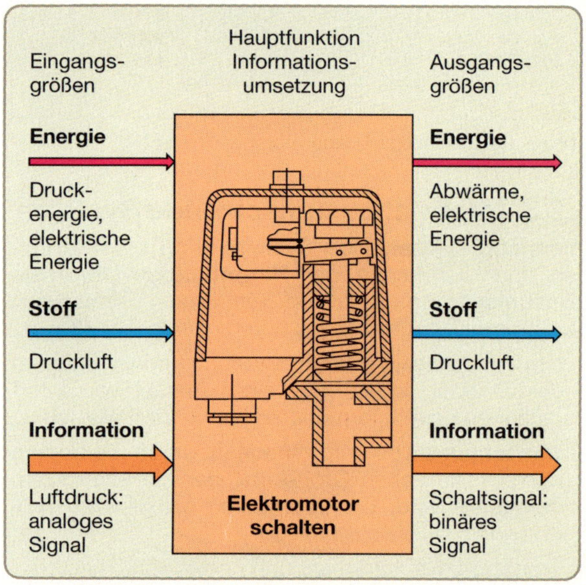

Abb. 3: Blockdarstellung eines Druckschalters

Zusammenfassung

Hauptfunktion technischer Systeme:

Technisches System

- Energieumsatz
- Stoffumsatz
- Informationsumsatz

Die Funktion eines Systems ergibt sich aus dem Zusammenhang zwischen Eingangsgrößen und Ausgangsgrößen.

Die Hauptfunktion erfüllt den eigentlichen Zweck eines Systems, für den es entwickelt wurde.

Energieumsetzendes System
z. B. Elektromotor

Stoffumsetzendes System
z. B. Pumpe

Informationsumsetzendes System
z. B. Personalcomputer

Arten der Umsetzung in technischen Systemen:

Hauptfunktion / Umsetzungsart	Energieumsetzung	Stoffumsetzung	Informationsumsetzung
Umwandeln	Ändern der Energieart, z. B. Elektromotor	Ändern der Zusammensetzung oder des inneren Aufbaus eines Stoffes, z. B. Härteofen	Verknüpfen von Informationen zu neuen veränderten Informationen, z. B. Mikroprozessor
Umformen	Ändern der Größen einer Energieart, z. B. Transformator	Ändern der äußeren Form eines Stoffes, z. B. Werkzeugmaschine	Verändern des Trägers der Information, z. B. Bildschirm
Transport	Übertragen der Energie von einem Ort zum anderen, z. B. Leitungen	Fördern eines Stoffes von Ort zu Ort, z. B. Förderband	Übertragen von Informationen an einen anderen Ort, z. B. Datenbus
Speichern	Überbrücken der Zeit, z. B. Akkumulator	Lagern von Stoff, z. B. Flüssigkeitstank	Aufbewahren von Informationen, z. B. Magnetplatte

Aufgaben

1. Geben Sie für folgende Maschinen und Geräte die Hauptfunktion an:

Handbohrmaschine, Schweißtransformator, Druckminderventil, Hebelschere, Rohrbiegevorrichtung, Akkumulator, Strommessgerät.

2. Begründen Sie die Zuordnung folgender Einrichtungen und Maschinen zu der jeweils angegebenen Umsetzungsart:

Katalysator	Stoffumwandlung
Lochstreifen	Informationsspeicherung
Hebebühne	Stofftransport
Hydraulikzylinder	Energieumwandlung
Zahnradgetriebe	Energieumformung
Schweißanlage	Stoffumformung

3. Beschreiben Sie die Art der Energieumsetzung für folgende Teile eines Kraftfahrzeuges: Starterbatterie, Generator, Zündspule, Kabel.

4. Beschreiben Sie die Art der Stoffumsetzung für folgende Teile einer Heizungsanlage: Öltank, Ölbrenner, Rohrleitungen.

5. Beschreiben Sie die Art der Informationsumsetzung für folgende Teile eines Personalcomputers: Tastatur, Festplattenlaufwerk, Prozessor, Bussystem, Drucker.

6. Nennen Sie jeweils eine Möglichkeit zum Speichern mechanischer, elektrischer, chemischer und thermischer Energie.

7. Geben Sie die Energiearten an, die in folgenden Maschinen und Anlagen umgewandelt werden:
Pneumatikzylinder, Wasserturbine, Druckluftmotor, Viertakt-Diesel-Motor, Solaranlage.

8. Beschreiben Sie den Energieumsatz in einem Kraftwerk.

a) Geben Sie dazu jeweils die Eingangsenergie und die Ausgangsenergie für folgende Anlagenteile an:
Feuerung, Kessel, Turbine, Generator.

b) Stellen Sie den Energieumsatz auch in einem Blockbild dar.

1.3 Funktionseinheiten technischer Systeme

1.3.1 Gliederung von Systemen

Die Betrachtung technischer Systeme kann auf verschiedenen Ebenen erfolgen. Je nach **Betrachtungsebene** erhält man ein unterschiedlich genaues Verständnis von Einzelheiten des Gesamtsystems. Nach DIN 40 150 untergliedert man in:

- **System**, als Gesamtheit einer Einheit zur selbstständigen Erfüllung einer Aufgabe auf der obersten Betrachtungsebene, z. B. Druckerzeugungsanlage,
- **Einrichtung**, als selbstständig verwendbare Einheit innerhalb eines Systems auf einer niederen Betrachtungsebene, z. B. Kolbenverdichter,
- **Gruppe**, als noch nicht selbstständig verwendbare Einheit eines Systems aus einer unteren Betrachtungsebene, z. B. Kurbeltrieb,
- **Element** oder **Glied**, als kleinste unteilbar aufgefasste Einheit auf der untersten Betrachtungsebene, z. B. Kurbelwelle, Pleuel.

Je nach Art und Aufgabe einer Betrachtung kann ein System allerdings unterschiedlich gegliedert oder zusammengefasst werden. Für den Hersteller der Druckerzeugungsanlage stellt die Anlage ein System (Gesamtsystem) dar, das mit allen Einzelteilen geplant und gefertigt wird. Dagegen wird jemand, der eine pneumatische Anlage für einen Betrieb einrichtet, die Druckerzeugungsanlage als Einrichtung (Teilsystem) ansehen. Die Druckerzeugungsanlage ist dann ein Teil der gesamten pneumatischen Anlage.

An technischen Systemen lässt sich einerseits die bauliche Gestaltung und andererseits die Funktionsweise betrachten.

Bei der **funktionalen Betrachtungsweise** werden Systeme in Funktionseinheiten zergliedert.

> **Funktionseinheiten** sind nach Aufgabe und Wirkung abgrenzbare Teilsysteme.

Die Funktionseinheiten System, funktionale Einrichtung, Funktionsgruppe und Funktionselement verwirklichen unterschiedliche Funktionen. Es lassen sich Hauptfunktion, Teilfunktionen und Grundfunktionen unterscheiden (Abb. 1).

Die Druckerzeugungsanlage hat die Hauptfunktion Energie umzusetzen. Elektrische Energie wird in Druckenergie umgewandelt. Die **Hauptfunktion** ist die Funktion, welche die eigentliche Aufgabe des Systems beschreibt.

Der Kolbenverdichter hat die Teilfunktion Bewegungsenergie in Druckenergie umzuwandeln. **Teilfunktionen** werden von funktionalen Einrichtungen verwirklicht. Erst durch das Zusammenwirken aller funktionalen Einrichtungen mit ihren Teilfunktionen wird die Hauptfunktion des Systems erreicht.

Der Kurbeltrieb hat die Grundfunktion Drehbewegung in eine Hin- und Herbewegung umzuformen. Der Pleuel hat die Grundfunktion Kräfte von der Kurbelwelle zum Kolben weiterzuleiten. Grundfunktionen werden von Funktionsgruppen und Funktionselementen verwirklicht. **Grundfunktionen** lassen sich nicht mehr in weitere Funktionen aufteilen.

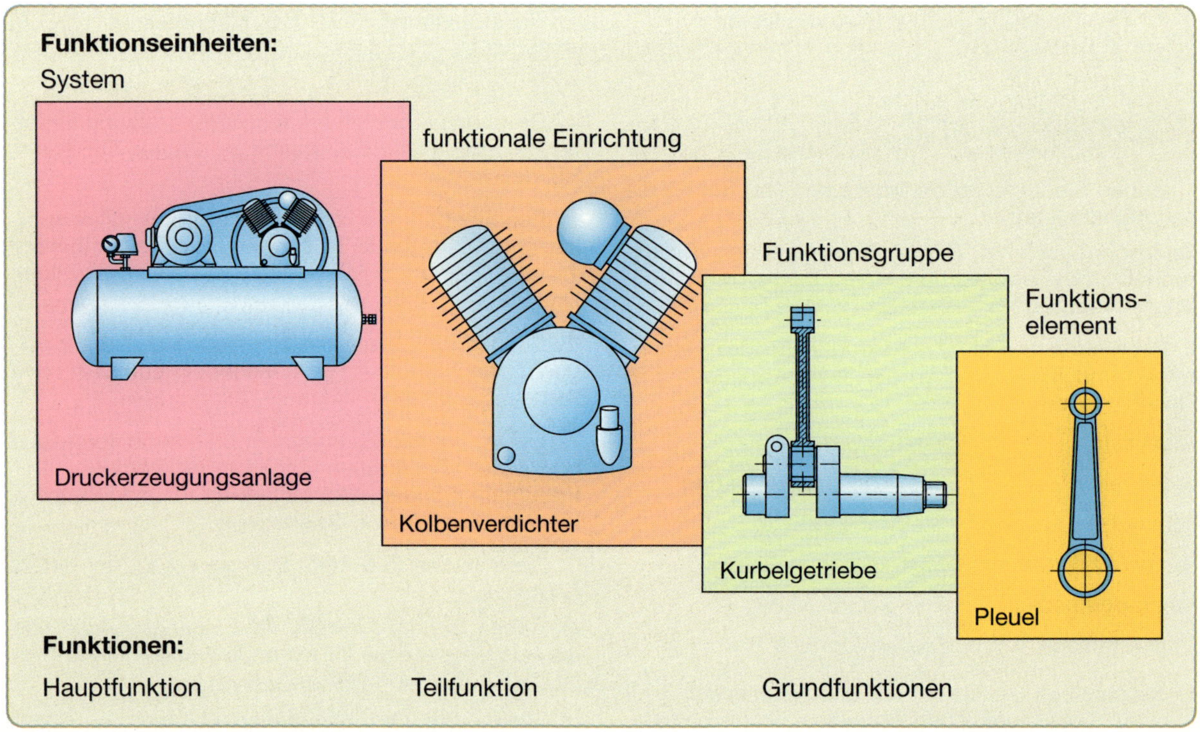

Abb. 1: Funktionseinheiten und deren Funktionen

1.3.2 Teilfunktionen

Die Hauptfunktion eines technischen Systems kann durch das Zusammenwirken von unterschiedlichen **Teilfunktionen** erreicht werden. Diese Teilfunktionen werden durch entsprechende Funktionseinheiten ausgeführt. Unterschiedliche technische Systeme können dabei durch eine Anzahl gleichartiger Funktionseinheiten beschrieben werden.

Bei der Druckerzeugungsanlage (Abb. 2) lassen sich folgende **Funktionseinheiten** unterscheiden.

Antriebseinheiten

Ein Elektromotor dient als Antrieb der Anlage. Er stellt die benötigte mechanische Energie bereit. Er erfüllt die Teilfunktion **Antreiben** (Abb. 3).

Energieübertragungseinheiten

Ein Keilriemengetriebe überträgt die Bewegungsenergie zum Verdichter. Dabei werden Umdrehungsfrequenz und Drehmoment umgeformt und den Funktionsanforderungen angepasst. Es erfüllt die Teilfunktion **Energieübertragen**.

Steuer- und Regeleinheiten

Der Druckschalter beeinflusst die Drucklufterzeugung in der Anlage. Er sorgt dafür, dass der Druck im Druckbehälter innerhalb bestimmter Grenzen gleich bleibt, unabhängig vom Druckluftverbrauch. Dazu schaltet er die Energiezufuhr zum Elektromotor ein und aus. Ein Manometer zeigt zur Kontrolle den Druckluftzustand an. Druckschalter und Manometer erfüllen die Teilfunktion **Steuern** und **Regeln**.

Stütz- und Trageinheiten

Elektromotor und Verdichter werden von einem Gestell auf dem Druckluftbehälter gehalten und getragen. Dieses Gestell muss die Kräfte, die bei der Energieübertragung auftreten, aufnehmen und weiterleiten. Der Druckluftbehälter wird von Füßen gestützt. Gestelle erfüllen die Teilfunktion **Stützen** und **Tragen**.

Abb. 2: Druckerzeugungsanlage

Arbeitseinheiten

Der Verdichter wandelt die Bewegungsenergie in Druckenergie. Er erfüllt die Teilfunktion **Arbeiten**.

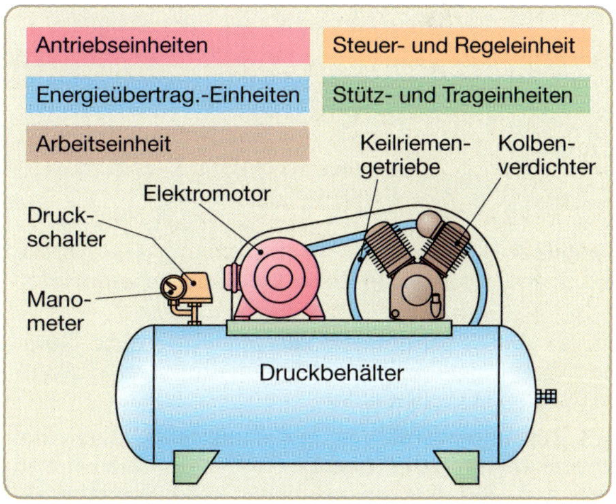

Abb. 3: Funktionseinheiten einer Druckerzeugungsanlage

Tab. 1: Teilfunktionen und Funktionseinheiten

Teilfunktionen	Funktionseinheiten	Erläuterungen	Beispiele
Antreiben	Antriebseinheiten	Antriebsenergie in geeigneter Form u. Menge bereitstellen	Elektromotore, Verbrennungsmotore, Druckluftmotore
Energieübertragen	Energieübertragungseinheiten	Antriebsenergie zwischen Funktionseinheiten weitergeben und deren Größe anpassen	Riemengetriebe, Zahnrädergetriebe, Druckluftbehälter, Rohrleitungen
Steuern - Regeln	Steuer- und Regeleinheiten	Informations- und Signalumsetzung zur Beeinflussung und Überwachung von Energie- und Stoffumsetzungen	Messgeräte, Schalter, Ventile, Steuergeräte, Regelgeräte
Stützen - Tragen	Stütz- und Trageinheiten	Funktionseinheiten zusammenhalten und führen, Kräfte aufnehmen und weiterleiten	Gestelle, Rahmen, Lager, Führungen, Säulen
Arbeiten	Arbeitseinheit	verwirklicht die eigentliche Aufgabe eines Systems	Verdichter, Pumpe, Werkstück- und Werkzeugaufnahme

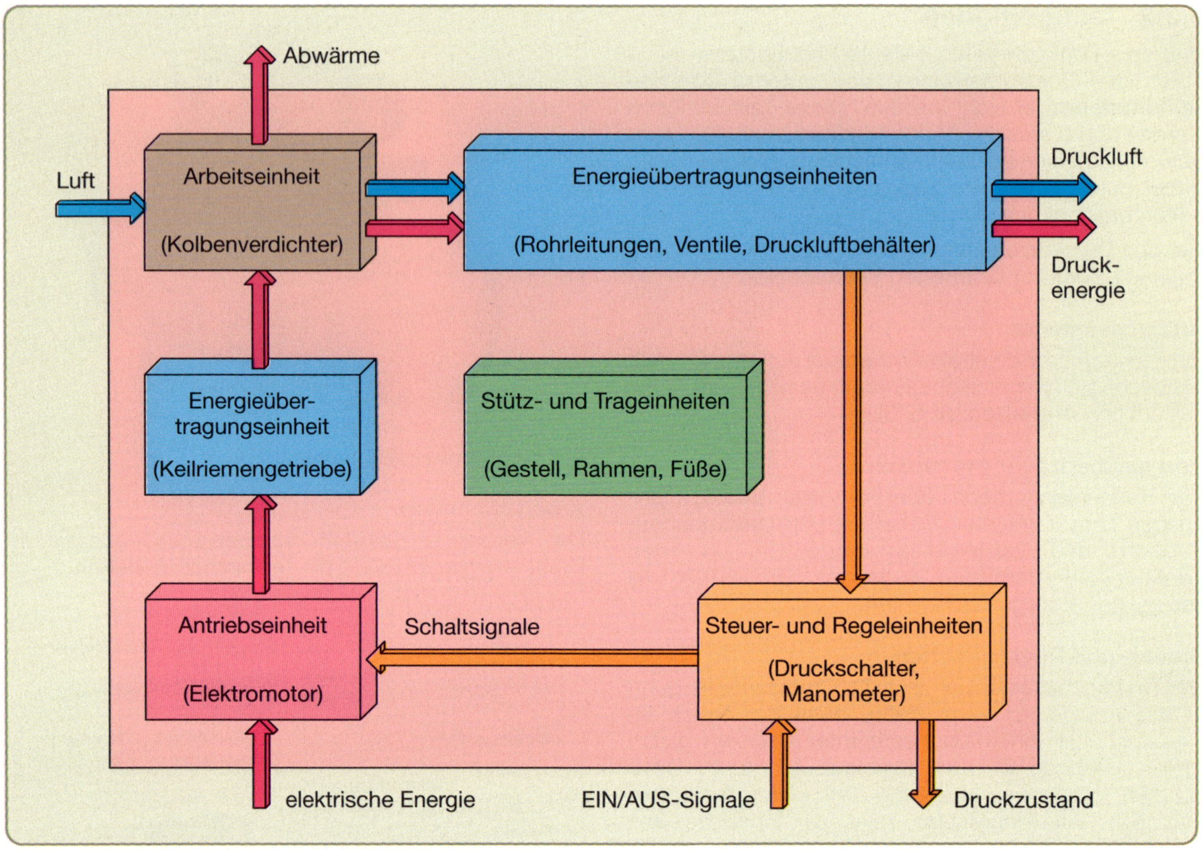

Abb. 1: Teilfunktionsstruktur einer Druckerzeugungsanlage

Bei der **Funktionsanalyse** von Maschinen und Geräten müssen die Funktionseinheiten und deren Zusammenwirken erkannt werden.

Das Zusammenwirken ist gekennzeichnet durch die verschiedenen Stoff-, Energie- und Informationsflüsse zwischen den Funktionseinheiten. Die Verknüpfung der Funktionseinheiten ergibt die **Teilfunktionsstruktur** des Gesamtsystems (Abb. 1).

Anhand der Teilfunktionsstruktur der Druckerzeugungsanlage erkennt man, welche Funktionseinheiten in den Energie-, Stoff- oder Informationsfluss eingebunden sind.

1.3.3 Grundfunktionen

Teilfunktionen können weiter in **Grundfunktionen** zerlegt werden. Die Grundfunktionen werden durch entsprechende Funktionsgruppen und Funktionselemente ausgeführt.

Ausgehend von den Funktionsgruppen und Funktionselementen lassen sich bei der Druckerzeugungsanlage folgende Grundfunktionen unterscheiden:

Der Motor wandelt elektrische Energie in mechanische Energie. Es findet das **Wandeln** von einer Energieart in eine andere statt.

Die Bewegungsenergie wird durch das Keilriemengetriebe zum Verdichter übertragen. Durch den Keilriemen findet das **Leiten** von Kräften von der einen Riemenscheibe zur anderen statt. Dabei wird die Umdrehungsfrequenz verkleinert und das Drehmoment vergrößert. Das **Verkleinern** und **Vergrößern** dieser Größen bezeichnet man auch als Übersetzen.

Im Verdichter wird die Bewegungsenergie in Druckenergie umgewandelt. Dabei werden Luft und Energie miteinander zu Druckluft verbunden. Es findet ein **Verbinden** von Stoff und Energie statt.

Beim Verdichten der Luft entsteht Wärme. Die Wärmeenergie wird durch einen Kühler der Druckluft entzogen. Es findet ein **Teilen** der Energie in Abwärme und Nutzenergie (Druckenergie) statt.

In der Druckluft befindet sich Wasser. Beim Abkühlen kondensiert Wasser. Im Kondensatabscheider wird das Wasser von der Druckluft getrennt. Es findet ein **Trennen** zweier unterschiedlicher Stoffe voneinander statt.

Bevor die Druckluft in den Druckbehälter gelangt, durchströmt sie ein Rückschlagventil. Das Ventil verhindert, dass die Druckluft wieder zurück zum Verdichter strömt. Die Druckluft kann nur in Richtung des Druckbehälters strömen. Durch das Rückschlagventil findet ein **Richten** des Druckluftstromes statt.

Der Druckluftbehälter speichert die Druckluft und stellt einen gleichbleibenden Arbeitsdruck für die Druckluftgeräte sicher. Durch den Behälter erfolgt das **Speichern** der Druckenergie.

Am Druckbehälter befinden sich mehrere Ventile. Über das Auslassventil kann der Druckluftstrom zu den Verbrauchern geöffnet oder unterbrochen werden. Dieser Vorgang wird als **Koppeln** bzw. **Unterbrechen** bezeichnet.

Die Druckluft wird in Rohrleitungen geführt. Man bezeichnet diesen Vorgang als **Führen**.

Die vielfältigen Vorgänge in technischen Systemen lassen sich auf eine kleine Zahl von Grundfunktionen, wie sie in Tabelle 1 dargestellt sind, zurückführen. Die Grundfunktionen beziehen sich auf Vorgänge im Energie-, Stoff- und Informationsfluss. Gleiche Grundfunktionen können dabei durch unterschiedliche Funktionselemente und Funktionsgruppen verwirklicht werden.

Mit Hilfe der Grundfunktionen kann die Wirkungsweise umfangreicher technischer Systeme beschrieben werden.

Tab. 1: Grundfunktionen technischer Systeme

Grundfunktionen	Erläuterungen	Beispiele
Leiten Isolieren	Leiten bezeichnet die Möglichkeit zum Übertragen von Energie-, Stoff- oder Signalflüssen; Isolieren bezeichnet das Hindern des Ausbreitens von Energie-, Stoff- oder Signalflüssen.	Leiten von Kräften durch feste Körper, Leiten von Druck in Flüssigkeiten, Leiten von elektrischem Strom durch Metalle, Flüssigkeiten oder Gas
Führen Nichtführen	Führen bezeichnet Vorgänge, um Energie, Stoff oder Signale geordnet von einem Ort zum anderen zu bewegen; Nichtführen bezeichnet Vorgänge, bei denen die natürliche Ausbreitung nicht beeinflusst wird.	Führen und Lagern von Maschinenteilen durch Führungen und Lager, Führen von Flüssigkeiten und Gasen in Rohren
Wandeln	Wandeln bezeichnet Vorgänge, bei denen Energieformen, Stoffeigenschaften oder Informationsgehalte verändert werden.	Wandeln mechanischer Energie in elektrische Energie durch Generatoren, Wandeln elektrischer Energie in mechanische Energie durch Elektromotore
Vergrößern Verkleinern	Vergrößern/Verkleinern bezeichnet Vorgänge, bei denen eine Größe von Energien, Stoffen und Signalen verändert wird.	Umdrehungsfrequenz- und Drehmomentänderung durch Stufenrädergetriebe, Vergrößern/Verkleinern der elektrischen Spannung in Transformatoren
Richtungsändern	Richtungsändern bezeichnet Vorgänge, bei denen die Richtung von Energie-, Stoff- oder Signalflüssen verändert wird.	Drehrichtungsänderung mit einem Zahnradpaar, Umkehr der Bewegungsrichtung durch einen zweiseitigen Hebel
Richten Oszillieren	Richten/Oszillieren bezeichnet Vorgänge, bei denen ein hin- und hergehender (oszillierender) Energie- oder Stofffluss in einen gerichteten bzw. ein gerichteter in einen hin- und hergehenden Fluss verändert wird.	Umformen einer Drehbewegung in eine Hin- und Herbewegung durch Kurbelwelle und Pleuel in einem Verdichter, Richten des elektrischen Stroms durch Gleichrichter
Koppeln Unterbrechen	Koppeln/Unterbrechen bezeichnet Vorgänge, welche eine Übertragung bzw. Unterbrechung von Energie-, Stoff- oder Signalflüssen bewirken.	Koppeln von Wellen durch Kupplungen zum Übertragen von Drehmomenten, Unterbrechen des elektrischen Stroms durch Schalter
Verbinden Trennen	Verbinden/Trennen bezeichnet Vorgänge, bei denen Energie-, Stoff- oder Signalflüsse unterschiedlicher Art vereinigt bzw. getrennt werden oder bei denen Energie mit Stoff oder Energie mit Informationen verbunden bzw. voneinander getrennt werden.	Verbinden von Wärmeenergie und Wasser (Stoff) in Heizungsanlagen, Trennen der Luft von Staub durch Luftfilter, Mischen von Druckluft mit Öl durch Druckluftöler
Fügen Teilen	Fügen/Teilen bezeichnet Vorgänge, bei denen Energie- oder Stoffmengen gleicher Art zusammengebracht bzw. geteilt werden.	Fügen gleichartiger Stoffe durch Schweißen, Teilen eines Ölstromes in mehrere Teilströme in einer Hydraulikanlage
Speichern	Speichern bezeichnet Vorgänge, bei denen Energie, Stoff oder Signale gespeichert oder aus dem Speicher abgerufen werden.	Speichern von Druckluft in Druckluftbehältern, Speichern von Kraft in Federn, Speichern elektrischer Energie in Batterien

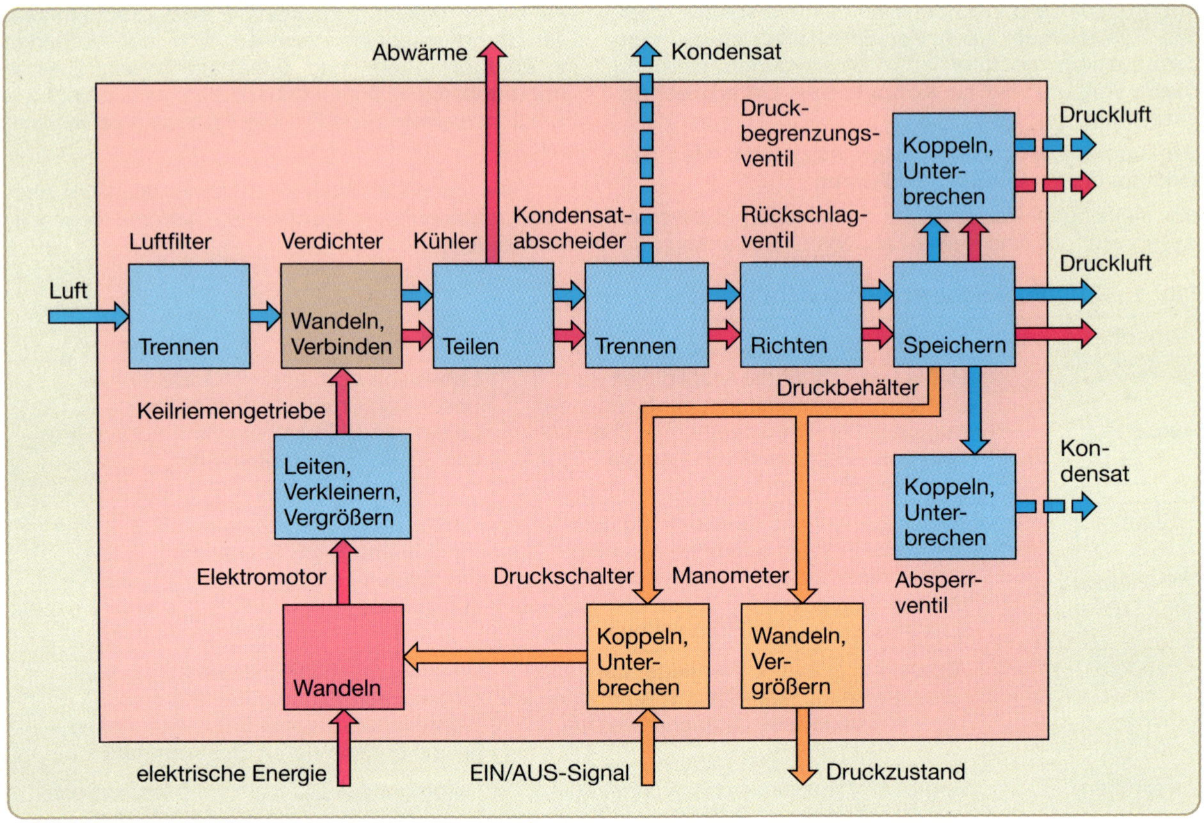

Abb. 1: Funktionsstruktur einer Druckerzeugungsanlage

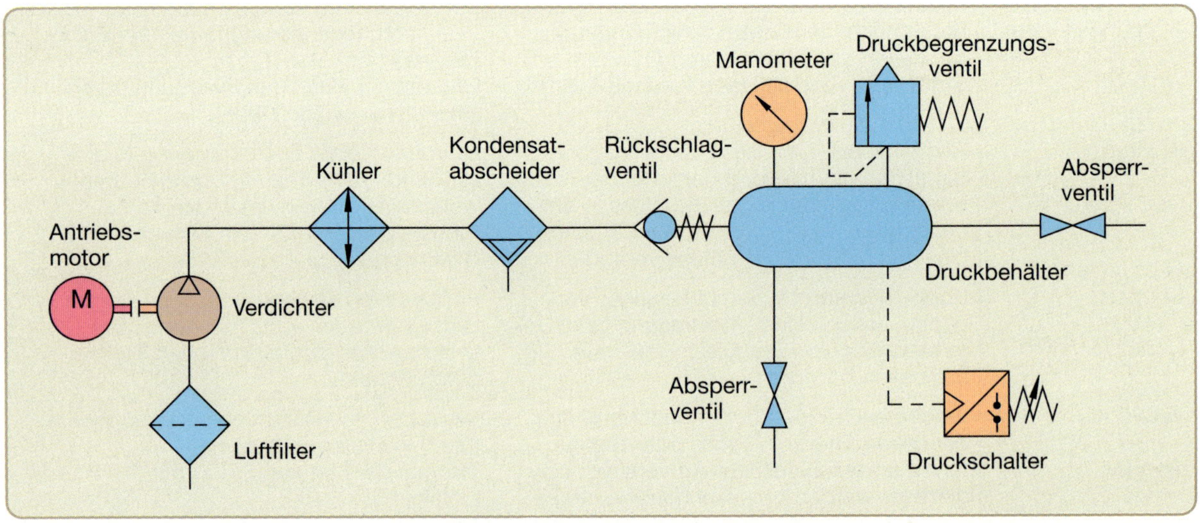

Abb. 2: Pneumatischer Schaltplan einer Druckerzeugungsanlage

Die **Funktionsstruktur** beschreibt die Funktion der Druckerzeugungsanlage (Abb. 1). Aus der Funktionsstruktur ist die Verknüpfung der Funktionselemente durch Energie-, Stoff- und Signalflüsse ersichtlich. Die Funktionselemente erfüllen bestimmte Grundfunktionen. Ihr Zusammenwirken ergibt die Funktionsweise des Systems.

Der pneumatische Schaltplan stellt die Funktionselemente der Druckerzeugungsanlage mit genormten Symbolen dar (Abb. 2). In der Elektrotechnik und der pneumatischen und hydraulischen Steuerungstechnik ist es üblich, die Funktionsweise einer Anlage durch Schaltpläne darzustellen.

Schaltpläne zeigen nicht die bauliche Ausführung und Größe von Baueinheiten oder deren räumliche Anordnung in einer Anlage. Die Darstellung erfolgt nach funktionalen Gesichtspunkten. Deshalb kann man leicht die Funktionsweise eines Systems erkennen.

Zusammenfassung

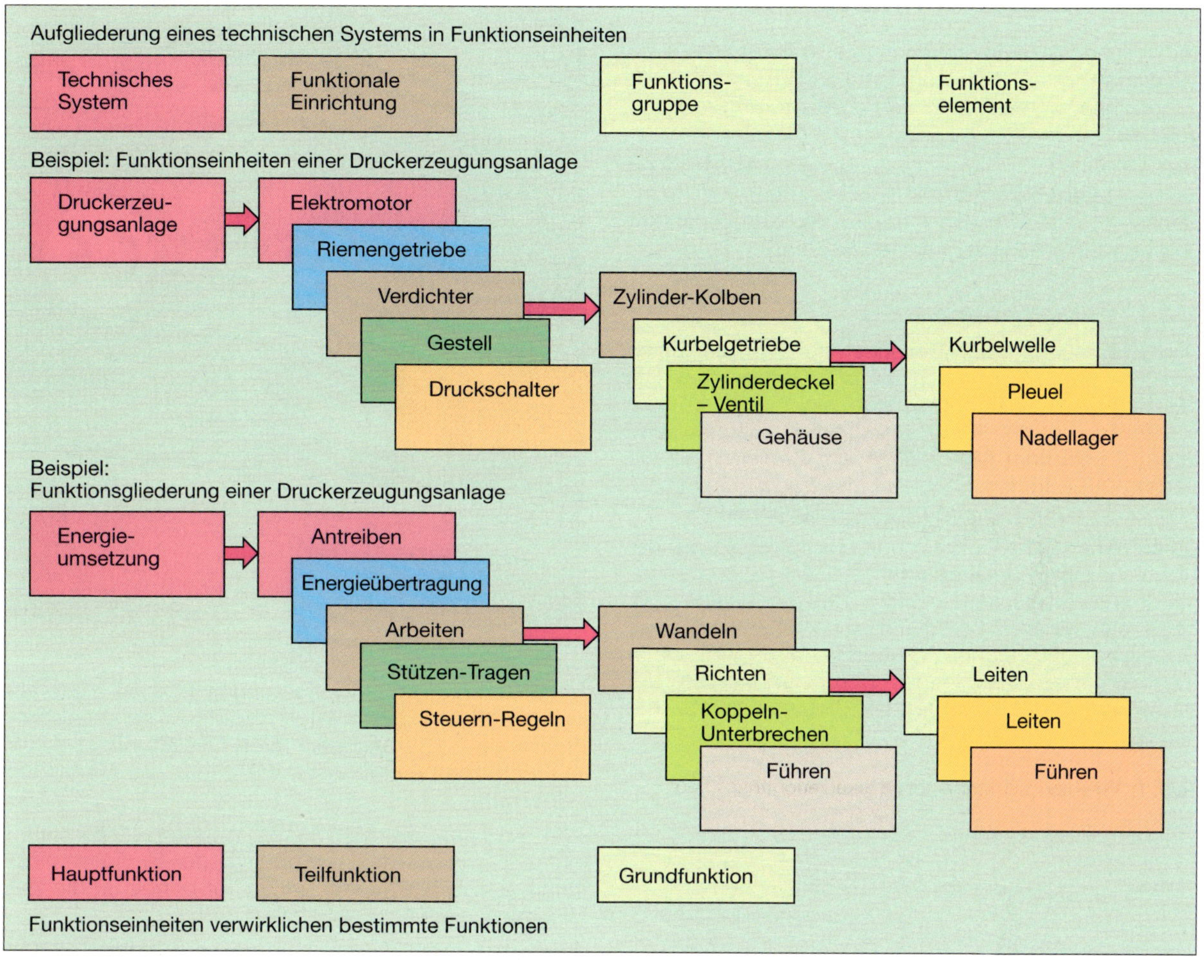

Aufgaben

1. In welche Funktionseinheiten lassen sich technische Systeme gliedern? Welche Funktionen verwirklichen die Funktionseinheiten jeweils?

2. Beschreiben Sie die Aufgaben von Steuer- und Regeleinheiten an Werkzeugmaschinen.

3. Geben Sie für folgende Funktionseinheiten eines Winkelschleifers die Teilfunktionen an:

Elektromotor, Getriebe, Schalter, Schleifspindel und Schleifscheibe, Gehäuse.

4. Geben Sie für folgende Funktionseinheiten eines Kraftfahrzeuges die Teilfunktionen an:

Viertakt-Ottomotor, Getriebe mit Abtriebswellen und Achsgetriebe; Karosserie; Räder; Lenkeinrichtung, Bremsanlage und Einspritzanlage.

5. Geben Sie für die Funktionseinheiten einer Heizungsanlage (vgl. S. 210) die Teilfunktionen an:

Gasgebläsebrenner; Rohrleitungen mit Umwälzpumpe und Mischer; Temperaturfühler sowie Steuer- und Regelgerät; Heizkörper; Halterungen.

6. Nennen Sie für die Funktionselemente eines Plattenfeder-Druckmessgerätes (vgl. S. 213) die entsprechenden Grundfunktionen:

Plattenfeder; Kugelgelenk; Schubstange; Hebelsegment mit Verzahnung; Zeiger.

7. Ordnen Sie folgenden Funktionsgruppen und Funktionselementen einer Druckluftbremsanlage eines Nutzkraftfahrzeuges die entsprechenden Grundfunktionen zu:

Kompressor; Luftbehälter; Bremsleitung; Entwässerungsventil; Bremszylinder.

8. Ordnen Sie folgenden Funktionselementen eines Eckregulierventils zum Einregulieren des Wasserzulaufs die jeweiligen Grundfunktionen zu:

Gehäuse; O-Ring; Griffkappe; Ventilspindel; Ventilkolben; Sprengring.

9. Welche Grundfunktion verwirklichen folgende Funktionselemente?

Kraftstofffilter und Luftfilter im Kraftfahrzeug; Luftfilter beim Kompressor; Wasserfilter in der Wasserversorgung.

1.4 Schutz von Personen, Maschinen und Umwelt

Technische Systeme stehen immer in Beziehung zum Menschen. Er nutzt sie zum Erfüllen bestimmter Aufgaben. Sie werden vom ihm bedient und instand gehalten.

Bei der Nutzung können Gefahren und Belastungen für den Menschen und die Umwelt entstehen. Technische Systeme müssen darum sicherheitsgerecht und umweltverträglich gestaltet werden.

1.4.1 Personenschutz

Die Gefährdung für den Menschen geht hauptsächlich vom Energiefluss in Maschinen und Geräten aus. Bei der Sägemaschine (Abb. 1) wird elektrische Energie eingesetzt, um den Motor anzutreiben. Mechanische Energie wird vom Motor über ein Getriebe auf die Sägespindel mit dem Sägeblatt übertragen. Das abzutrennende Halbzeug wird hydraulisch gespannt.

Durch eine **sicherheitstechnische Gestaltung** der Maschine sollen Gefährdungen des Menschen weitgehend ausgeschlossen werden. Das geschieht z. B. beim elektrischen Energiefluss durch zuverlässige Isolierung und sichere Schutzschaltungen, beim mechanischen Energiefluss durch Verkleiden der bewegten Maschinenteile. Die Sägemaschine hat mehrere Sicherheitseinrichtungen (Tab. 1).

Tab. 1: Sicherheitseinrichtungen

Sicherheitseinrichtung	Funktion
Maschinenverkleidung	Alle mechanischen Energieübertragungseinrichtungen sind abgedeckt.
Schutzhaube	Der Sägevorgang ist nur bei geschlossener Schutzhaube möglich. Abbruch beim Öffnen.
Fronttürverriegelung	Der Sägevorgang ist nur bei geschlossener Fronttür möglich.
NOT-AUS-Schalter	Der Sägevorgang wird sofort abgebrochen.
Elektrischer Wiederanlaufschutz	Kein selbsttätiger Wiederanlauf der Maschine bei Rückkehr des Stromes nach einem Stromausfall.

Grundlegende Sicherheitsanforderungen an Maschinen und Geräte werden durch gesetzliche Vorschriften wie die EU-Maschinenrichtlinie festgelegt. Maschinen, die diesen Sicherheitsanforderungen entsprechen, erhalten ein CE-Kennzeichen. Mit dem CE-Zeichen sichert der Hersteller zu, dass die Produkte den Anforderungen der EU-Richtlinien entsprechen.

Abb. 1: Universalsägemaschine

Trotz der Sicherheitseinrichtungen können weiterhin Gefahren beim Umgang mit der Maschine entstehen. Neben der sicherheitsgerechten Gestaltung ist daher ein **sicherheitsbewusstes Verhalten** des Menschen notwendig.

Alle Arbeiten an Maschinen müssen aufmerksam durchgeführt werden. Damit sich der Bediener nicht durch falsches Verhalten in Gefahr bringt, ist die Bedienungsanleitung zu beachten (Abb. 2).

Bedienungsanleitungen legen die erforderlichen Schutzmaßnahmen und Verhaltensregeln arbeitsplatzbezogen fest. Sie schreiben auch das Tragen persönlicher Schutzausrüstungen vor. An der Sägemaschine müssen Sicherheitsschuhe getragen werden.

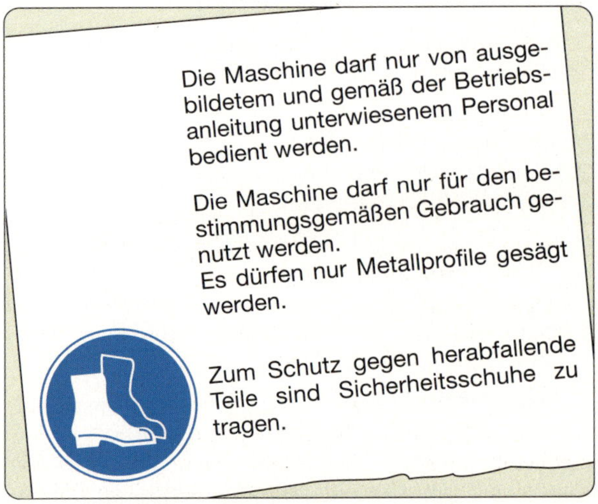

Abb. 2: Auszug aus einer Bedienungsanleitung

Darüber hinaus regeln **Sicherheitzeichen** das Verhalten im Umgang mit technischen Systemen. Solche Sicherheitszeichen können Gebotszeichen, Verbotszeichen, Warnzeichen oder Rettungszeichen sein (Tab. 2), (hintere Umschlagseiten). ➡TAB

Gebotszeichen sind kreisrund in den Farben Blau und Weiß. Sie schreiben bestimmte Schutzausrüstungen für einen Arbeitsbereich zwingend vor. An der Sägemaschine müssen Sicherheitsschuhe getragen werden, um Fußverletzungen durch herabfallende Teile zu vermeiden.

Verbotszeichen sind kreisrund und zeigen eine verbotene Handlung als schwarzes Bild auf weißem Grund. Eine rote Umrandung und ein schräger Querbalken kennzeichnen die Verbotszeichen. Beim Umgang mit Kühlschmierstoffen ist das Rauchen verboten, damit nicht von den Händen auf die Zigarette übertragene Kühlschmierstoffteile mit dem Rauch eingeatmet werden.

Warnzeichen haben die Form eines gleichseitigen Dreiecks in den Farben Gelb und Schwarz. Warnzeichen kennzeichnen einen Arbeitsbereich, in dem die dargestellte Gefahr auftreten kann. Elektrische Anlagenteile an der Sägemaschine sind mit einer Warnung vor gefährlicher elektrischer Spannung gekennzeichnet.

Rettungszeichen sind rechteckig in den Farben Grün und Weiß. Sie kennzeichnen Rettungswege und Stellen zur ersten Hilfe. Verbandskästen sind mit einem Erste-Hilfe-Zeichen gekennzeichnet.

Tab. 2: Sicherheitszeichen

Gebotszeichen	Warnzeichen

Sicherheitsschuhe tragen	gefährliche elektrische Spannungen
Verbotszeichen	Rettungszeichen

Rauchen verboten	Erste Hilfe

1.4.2 Maschinenschutz

Die Sicherheit von Maschinen und Geräten wird auch beeinflusst vom Zustand, in dem diese sich befinden. Ihr Zustand ist abhängig von der Art und Weise, wie das technische System bedient wird.

> Durch **sachgerechtes** und **pflegliches Verhalten** können Maschinen und Geräte vor Schäden und unnötigem Verschleiß geschützt werden.

Daneben ist eine gezielte Instandhaltung notwendig. Die Instandhaltung gliedert sich in

- Wartung,
- Inspektion und
- Instandsetzung (Tab. 3).

Die **Wartung** umfasst alle Maßnahmen, um den ordnungsgemäßen Zustand zu bewahren. An der Sägemaschine sind folgende Wartungsarbeiten regelmäßig zu bestimmten Zeitpunkten auszuführen: Säubern und Schmieren der Maschine, Ölwechsel bei Getriebe und Hydraulikanlage, Pflege der Kühlschmierstoffe.

Die **Inspektion** umfasst alle Maßnahmen zur Feststellung und Beurteilung des vorliegenden Zustandes. Es wird der Abnutzungsgrad von Maschinenteilen ermittelt. Solche Maßnahmen sind das Begutachten des Verschleißes am Kettentrieb, Laufruheprüfungen zum Feststellen von Lagerschäden sowie das Prüfen der Rundlaufgenauigkeit der Sägespindel.

Die **Instandsetzung** umfasst alle Maßnahmen zur Wiederherstellung des ordnungsgemäßen Zustandes. Die Maßnahmen umfassen das Nachstellen, Reparieren oder Austauschen von Maschinenteilen.

Instandsetzungen sind erforderlich, wenn eine Maschine durch eine Störung außer Betrieb gesetzt wird oder die geforderte Fertigungsqualität an der Maschine nicht mehr erreicht wird. Die Störungsursache ist dabei durch eine Fehlersuche zu ermitteln.

Tab. 3: Instandhaltungsarbeiten

Instandhaltung		
Wartung	Inspektion	Instandsetzung
Säubern	Sichtprüfen	Fehlersuche
Schmieren	Messen	Austauschen
Nachstellen	Diagnose	Ausbessern

Maschinen haben **Absicherungen gegen mechanische** und **elektrische Überlastungen**. Überlastungen führen zu Schäden an Maschinen und beeinträchtigen deren Sicherheit und Funktionsfähigkeit.

Überlastungen mechanischer Bauteile von Antriebs- und Energieübertragungseinheiten können durch Sicherheitskupplungen vermieden werden. Sicherheitskupplungen rutschen durch, wenn eine bestimmte eingestellte Belastung überschritten wird.

Überlastungen elektrischer Maschinenteile werden durch Überlastungssicherungen und Motorschutzschalter vermieden. Sie schalten die Stromzufuhr bei zu großer Stromstärke ab.

1.4.3 Umweltschutz

Bei dem Einsatz von Maschinen und Geräten geht es nicht nur um den unmittelbaren Unfallschutz. Es geht auch um mögliche Gesundheitsgefahren durch die Arbeit mit Werkstoffen und Hilfsstoffen sowie durch die dabei entstehenden Stäube, Gase und Dämpfe. Diese Stoffe wirken auch auf die Umgebung des technischen Systems. Sie belasten die Umwelt und können die Gesundheit des Maschinenbedieners gefährden.

Bei der Sägemaschine werden Kühlschmierstoffe zum Kühlen, Schmieren und Spülen eingesetzt. Kühlschmierstoffe können eine Gesundheitsgefahr für den Maschinenbediener darstellen. Eine Gefährdung ergibt sich durch Einatmen, durch Verschlucken und durch Hautkontakte.

Nach der **Gefahrstoffverordnung** hat der Betrieb mögliche Gefahrstoffe zu ermitteln und zu prüfen, ob nicht ungefährlichere Stoffe verwendet werden können. Er hat zu ermitteln, ob die gesetzlichen Grenzwerte für gefährliche Stoffe eingehalten werden und hat, falls notwendig, Schutzmaßnahmen einzuleiten. Dabei haben technische Schutznahmen Vorrang vor dem Einsatz persönlicher Schutzausrüstungen (Tab. 1).

Tab. 1: Schutzmaßnahmen

Technische Schutzmaßnahmen	Persönliche Schutzausrüstungen
Spritzschutzeinrichtung	Schutzbrille, Gummischürze
Absaugung	Atemschutz
Beschickungseinrichtung	Schutzhandschuhe

Informationen über einen gefährlichen Stoff ergeben sich aus:

- der Kennzeichnung des Produktes mit Gefahrensymbol und R-Sätzen und S-Sätzen, (➡*TAB*),
- dem Sicherheitsdatenblatt nach EU-Richtlinie.

Sicherheitsdatenblätter sind von den Herstellern gefährlicher Stoffe mitzuliefern. Die Datenblätter sollten der EU-Richtlinie 91/155/EWG entsprechen.

Für den Umgang mit gefährlichen Stoffen ist eine Betriebsanweisung zu erstellen. Das geschieht mit Hilfe der Angaben im Sicherheitsdatenblatt. Anhand der Betriebsanweisung müssen die Beschäftigten über den sicheren Umgang mit gefährlichen Stoffen unterrichtet werden (Abb. 1).

Betriebsanweisungen legen die erforderlichen Schutzmaßnahmen und Verhaltensregeln beim Umgang mit gefährlichen Stoffen fest.

Betriebsanweisungen müssen Angaben enthalten über:

- den Bereich der Anwendung,
- Gefahren für Mensch und Umwelt,
- Schutzmaßnahmen und Verhaltensregeln,
- Verhalten im Gefahrfall,
- Maßnahmen zur ersten Hilfe und
- sachgerechte Entsorgung.

Stoffe, die Mensch und Umwelt gefährden, müssen ordnungsgemäß **entsorgt** werden. Grundsätzlich müssen gebrauchte Kühlschmierstoffe getrennt von anderen Abfällen gesammelt werden. Gebrauchte Kühlschmierstoffe gelten nach dem Abfallgesetz als Sonderabfall. **Sonderabfall** ist **nachweispflichtig** zu entsorgen. Bei diesem Verfahren sind Begleitscheine als Nachweis der ordnungsgemäßen Beseitigung zu verwenden.

Eine Umweltbelastung findet bereits dann statt, wenn unwiederbringliche Vorräte verbraucht werden. Deshalb ist eine wirtschaftliche Verwendung von Energie und Rohstoffen dringend notwendig. Darum ist die Wiederverwendung von Abfällen durch ihr Zurückbringen in den Marktkreislauf (Recycling) wichtig.

▶ Zusammenfassung

Personenschutz

Sicherheitseinrichtungen zur
- sicherheitstechnischen Gestaltung

Sicherheitsbewusstes Verhalten angeleitet durch:
- Bedienungsanleitungen,
- Unfallverhütungsvorschriften,
- Sicherheitszeichen

Vermeidung von Unfällen

Maschinenschutz

Absicherungen gegen
- mechanische Überlastung,
- elektrische Überlastung

Instandhaltungsmaßnahmen ausgeführt als:
- Wartung,
- Inspektion,
- Instandsetzung

Aufrechterhaltung von Funktionsfähigkeit und Sicherheit

Umweltschutz

Schutzmaßnahmen als
- technische Schutzmaßnahmen,
- persönliche Schutzausrüstungen

Sicherheitsbewusstes Verhalten angeleitet durch:
- Betriebsanweisungen,
- Gefahrstoffkennzeichnungen

Vermeidung von Gesundheitsgefährdung u. Umweltbelastung

	Betriebsanweisung gem. GefStoff V § 20	Nr. 1

1. Anwendungsbereich

Umgang mit wassergemischten Kühlschmierstoffen (KSS) ISOPAL S55 bei der mechanischen Bearbeitung an Sägemaschinen

2. Gefahren für Mensch und Umwelt

Intensiver Hautkontakt zerstört den Säureschutzmantel der Haut, kann zu Hautreizungen, mechanischer Beschädigung der Haut und damit zu Hautinfektionen führen.

Bei Hautkontakt besteht die Möglichkeit allergischer Reaktionen.

Durch eingeatmete KSS-Dämpfe und -Nebel sind schädliche Wirkungen auf den Gesamtorganismus möglich.

KSS darf nicht ins Erdreich, Grundwasser oder in die Kanalisation gelangen.

3. Schutzmaßnahmen und Verhaltensregeln

Vor Arbeitsbeginn Hände und Unterarme mit Hautschutzsalbe einreiben.

Vor Pausen und bei Arbeitsende Hände und Unterarme mit Reinigungsmittel und warmem Wasser reinigen.

Nach Arbeitsende Hände und Unterarme mit Hautpflegemittel einreiben.

Hautkontakt mit KSS auf ein Minimum beschränken, dazu gehört:
- Hände nie mit KSS reinigen,
- KSS-durchfeuchtete Kleidung sofort wechseln,
- mit KSS-verschmutzten Händen nie Mund, Nase, Augen berühren,
- statt Putzlappen Einweg-Papiertücher verwenden; diese nicht in Kleidung stecken,
- am Arbeitsplatz nicht essen, trinken, rauchen.

Keine Lebensmittelreste und andere Abfälle in das KSS-System werfen.

Werkstücke und Maschinen nicht mit Druckluft reinigen.

4. Verhalten bei Störungen

Verschüttete KSS mit geeigneten Mitteln, z. B. Papiertüchern oder Aufsaugmitteln, aufnehmen; dabei Schutzhandschuhe tragen.

5. Verhalten bei Unfällen

Verletzungen, auch geringen Umfangs, mit Hinweis auf Umgang mit KSS versorgen lassen.

Nach Augenkontakt mehrere Minuten unter fließendem Wasser ausspülen, gegebenenfalls Facharzt aufsuchen.

6. Instandhaltung, Entsorgung

Mit KSS getränkte Tücher in dafür vorgesehenen, gekennzeichneten Behältern sammeln.

Weitere Wartung, sowie Austausch des KSS und Reinigung des Systems durch Wartungsdienst.

Abb. 1: Betriebsanweisung für den Umgang mit wassergemischten Kühlschmierstoffen

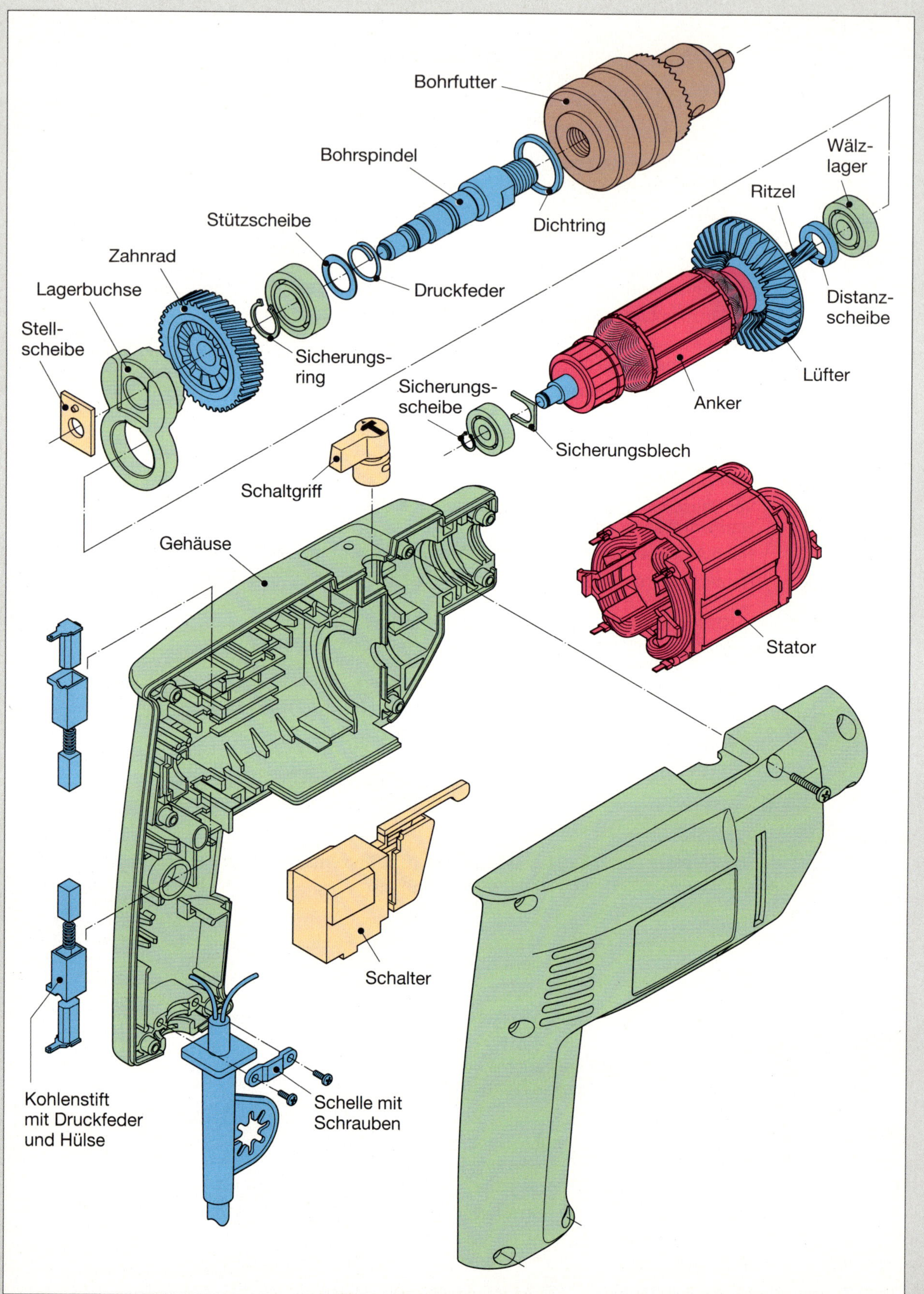
Bohrfutter
Bohrspindel
Wälz-
lager
Ritzel
Dichtring
Stützscheibe
Zahnrad
Druckfeder
Lagerbuchse
Distanz-
scheibe
Stell-
scheibe
Sicherungs-
ring
Lüfter
Sicherungs-
scheibe
Anker
Sicherungsblech
Schaltgriff
Gehäuse
Stator
Schalter
Kohlenstift
mit Druckfeder
und Hülse
Schelle mit
Schrauben

Gesamtaufgabe

Untersuchen Sie die Funktionsweise einer elektrischen Handbohrmaschine mit Hilfe der Explosionszeichnung (Anordnungsplan).

1. Erläutern Sie den Verwendungszweck der Handbohrmaschine.

2. Geben Sie die Hauptfunktion der Handbohrmaschine an.

3. Grenzen Sie die Bohrmaschine von ihrer Umgebung ab. Beschreiben Sie, wie die Maschine mit

a) dem Menschen,

b) anderen technischen Systemen,

c) der Umwelt

in Verbindung steht.

4. Entwerfen Sie die Blockdarstellung für die Bohrmaschine. Geben Sie die Eingangsgrößen und Ausgangsgrößen an.

5. Die Handbohrmaschine lässt sich in folgende Funktionseinheiten gliedern:

1 Gehäuse
2 Elektromotor
3 Schalter, Umschalter
4 Getriebe und Bohrspindel
5 Bohrfutter mit Bohrer

a) Geben Sie die Teilfunktionen an, welche die Funktionseinheiten jeweils verwirklichen.

b) Entwerfen Sie die Teilfunktionsstruktur der Bohrmaschine. Übernehmen und ergänzen Sie nachfolgende Blockdarstellung. Geben Sie dazu die Funktionseinheiten und Ausgangsgrößen an.

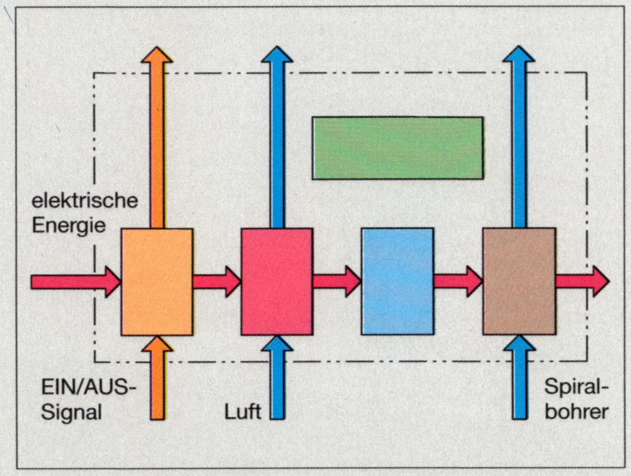

6. Bei einer Handbohrmaschine treten bei der Umwandlung und Umformung der Energie

- elektrische Verluste,
- Lüftungsverluste (Luftstrom zum Kühlen) und
- mechanische Verluste (Reibung) auf.

a) Zeichnen Sie das Sankey-Diagramm, wenn die Verluste insgesamt 15 % betragen.

b) Bestimmen Sie den Wirkungsgrad der Maschine.

7. Durch die Funktionseinheit Energieübertragen wird die vom Elektromotor erzeugte mechanische Energie zum Bohrfutter übertragen und entsprechend umgeformt.

Zählen Sie die Funktionselemente und Funktionsgruppen auf, die daran beteiligt sind. Geben Sie die Grundfunktionen an, die von den Funktionselementen jeweils verwirklicht werden. Stellen Sie die Ergebnisse in einer Tabelle zusammen:

Funktionselement/-gruppe	Grundfunktion
Ritzel/Zahnrad	

8. Die Bohrmaschine kann auf Schlagbohren umgestellt werden.

a) Geben Sie die Funktionselemente an, die dazu umgeschaltet werden. Geben Sie die Grundfunktionen der Funktionselemente an. Stellen Sie die Ergebnisse in einer Tabelle zusammen:

Funktionselement/-gruppe	Grundfunktion
Schaltgriff	

b) Auf welches Element im Energiefluss wirkt das Schaltsignal?

9. Entwerfen Sie die Funktionsstruktur für die Funktionseinheit Energieübertragen der Bohrmaschine. Übernehmen und ergänzen Sie nachfolgende Blockdarstellung. Tragen Sie dazu die Funktionselemente, Grundfunktionen und Ausgangsgrößen in die Darstellung ein.

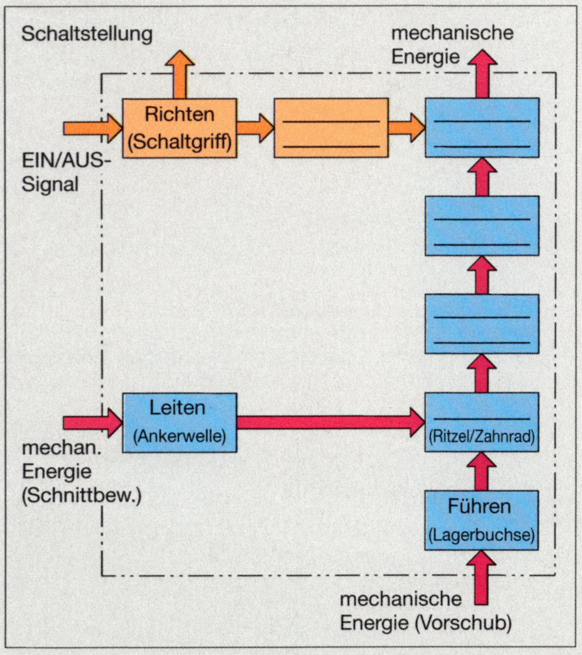

10. Eine Handbohrmaschine muss so gestaltet sein, dass sie möglichst gefahrlos benutzt werden kann.

Erläutern Sie die sicherheitstechnische Gestaltung der Bohrmaschine, um vor dem elektrischen und mechanischen Energiefluss zu schützen.

Orientierungshilfe Kapitel 2

Grundlagen — Gerätetechniken zur Auswahl: Pneumatik, Elektrik, Hydraulik

2 Steuern

Die Montage von Lagerbuchsen wurde bisher mit einer Handhebelpresse durchgeführt. Zum Einpressen der Buchsen ist Muskelarbeit notwendig. Das stellt bei größeren Stückzahlen eine hohe körperliche Belastung dar.

Die muskelkraftbetriebene Handpresse soll deshalb durch eine Druckluftpresse ersetzt werden (Abb. 1). Das Einpressen der Buchsen erfolgt nun durch die Energie der Druckluft. Anstrengende körperliche Arbeiten verringern sich dadurch.

Zum Einpressen ist folgender Arbeitsablauf notwendig:

Nachdem die Einzelteile in die Presse eingelegt sind, muss sich der Stößel abwärts bewegen, um die Lagerbuchse einzupressen. Anschließend muss er sich wieder nach oben bewegen, damit die montierten Teile entnommen werden können.

Die Bewegungen des Stößels müssen entsprechend dem vorgesehenen Arbeitsablauf gesteuert werden.

Die **Steuerungstechnik** befasst sich mit Einrichtungen, die Abläufe und Vorgänge an Maschinen und Anlagen gezielt beeinflussen.

2.1 Steuerungssysteme

2.1.1 Steuerungen – informationsumsetzende Systeme

Die Bezeichnung Steuerung wird sowohl für den Vorgang des Steuerns als auch für die Gesamtanlage verwendet.

Die Gesamtanlage Pressensteuerung stellt ein technisches System dar. Bei technischen Systemen lässt sich deren bauliche Gestaltung und deren Funktionsweise betrachten. Steht bei der Betrachtung die Funktionsweise im Vordergrund, lässt sich ein technisches System als Rechteck (Block) darstellen. Die Eingangsgrößen und die Ausgangsgrößen des Systems werden als Pfeile dargestellt (Abb. 2).

Bei der Druckluftpresse wird der Steuerungsanlage Druckenergie zugeführt. Im Zylinder wird die Druckenergie in Verschiebearbeit umgewandelt (Energieumsetzung).

Die Druckluft wird durch Druckluftleitungen zum Zylinder geführt und als Abluft wieder aus der Anlage abgeführt (Stoffumsetzung).

Die Energie- und Stoffumsetzung muss gesteuert werden. Zur Steuerung müssen Schaltsignale (z. B. EIN/AUS) gegeben, erfasst und verarbeitet werden. Der Betriebszustand der Anlage wird durch Meldesignale angezeigt (Informationsumsetzung).

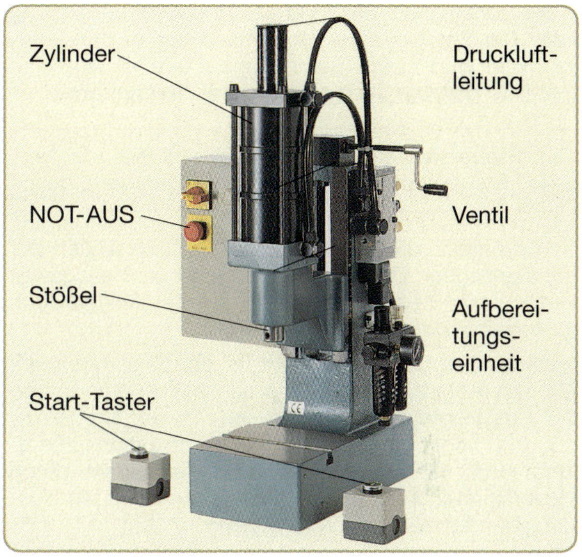

Abb. 1: Druckluftpresse

Im System finden Energie-, Stoff- und Informationsumsetzungen statt. **Eingangsgrößen** der Pressensteuerung sind Druckenergie, Druckluft und Schaltsignale. **Ausgangsgrößen** sind Verschiebearbeit, Abluft und Meldesignale.

Die **Hauptaufgabe** von Steuerungen ist die **Informationsumsetzung** zur Steuerung der Energie- und Stoffumsetzung. Steuerungen werden entsprechend ihrer Hauptaufgabe als **informationsumsetzende Systeme** bezeichnet.

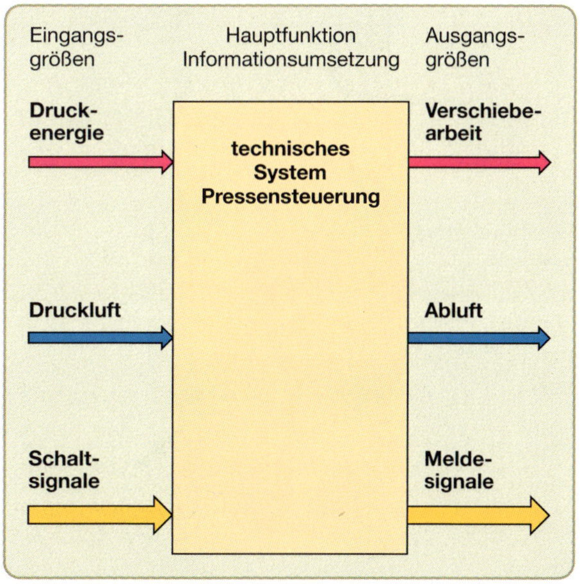

Abb. 2: Blockdarstellung einer Steuerung

2.1.2 Steuerstrecke – Steuereinrichtung

Steuerungsanlagen lassen sich in die **Teilsysteme** Steuerstrecke und Steuereinrichtung unterteilen (Abb. 1).

Die **Steuerstrecke** ist der Teil der Gesamtanlage, der den Arbeitsvorgang ausführt. In der Steuerstrecke findet vorwiegend die Energie- und Stoffumsetzung statt. Die Energie- und Stoffumsetzung in der Steuerstrecke wird durch Steuersignale beeinflusst. Man nennt sie deshalb auch **gesteuertes Teilsystem**.

Die **Steuerstrecke** ist der zu beeinflussende Teil einer Steuerung. Sie führt den Arbeitsvorgang aus.

Die Bauteile in diesem Teilsystem müssen wegen der umzusetzenden Energie entsprechend groß ausgelegt werden. Man bezeichnet diesen Teil der Anlage auch als **Arbeits-** oder **Leistungsteil**.

Die **Steuereinrichtung** ist der Teil der Gesamtanlage, der den Ablauf des Arbeitsprozesses entsprechend der festgelegten Aufgabe steuert. In der Steuereinrichtung findet vorwiegend die Informationsumsetzung statt. Die Steuereinrichtung beeinflusst durch Steuersignale die Steuerstrecke. Man nennt sie deshalb auch **steuerndes Teilsystem**.

Die **Steuereinrichtung** nimmt Eingabesignale auf, verarbeitet sie und wirkt durch Steuersignale auf die Steuerstrecke.

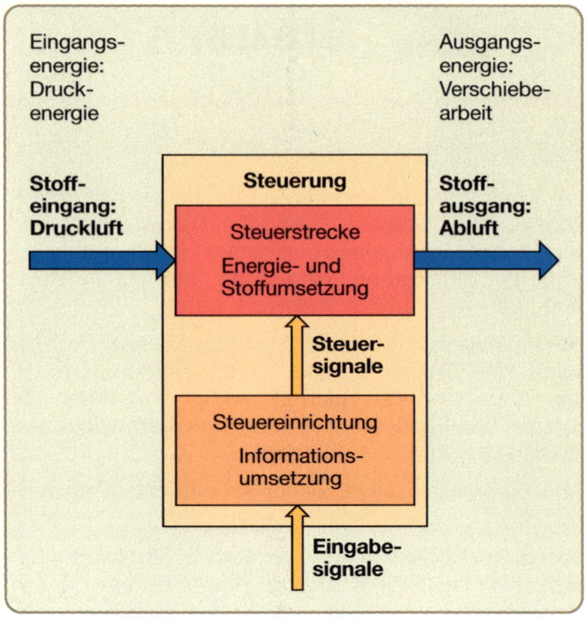

Abb. 1: Teilsysteme einer Steuerung

Zum Übertragen der Signale sind nur geringe Energien notwendig. Entsprechend klein können die Bauteile im Steuerteil ausgelegt werden. Der Steuerteil kann auch mit einer anderen Energieart (z. B. elektrischer Strom) betrieben werden als der Leistungsteil (z. B. Druckluft). Man bezeichnet diesen Teil der Anlage auch als **Informations-** oder **Steuerteil**.

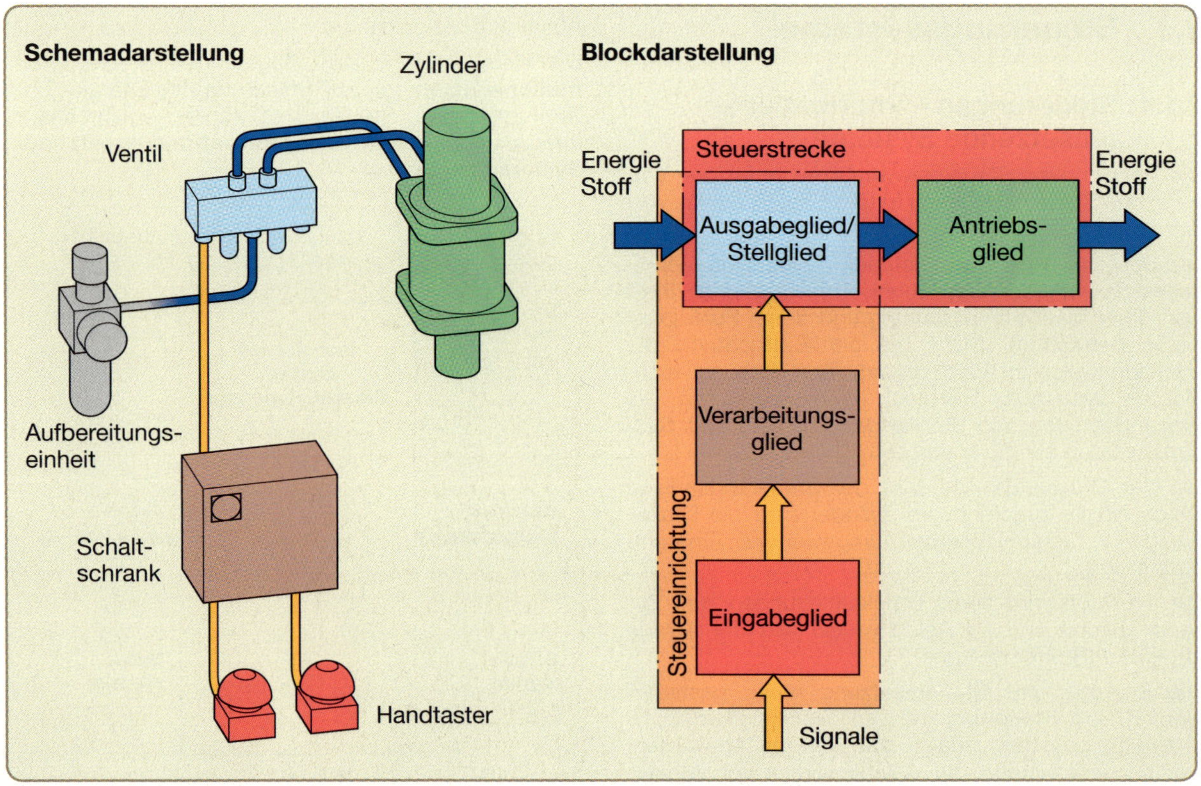

Abb. 2: Funktionsglieder der Pressensteuerung

2.1.3 Funktionsglieder einer Steuerung

Steuereinrichtung und Steuerstrecke lassen sich zur genaueren Betrachtung ihrer Funktionsweise weiter in Funktionsglieder unterteilen (Abb. 2).

Der Steuereinrichtung werden über **Eingabeglieder** Signale eingegeben. Eingabeglieder haben die Aufgabe, die Eingabesignale zu erfassen und weiterzugeben. Bei der Druckluftpresse erfolgt die Eingabe der Signale z. B. über Handtaster. Die Eingabeglieder von Steuerungen werden auch als **Signalglieder** bezeichnet.

Die Eingabeglieder geben die Eingabesignale an die Verarbeitungsglieder weiter. **Verarbeitungsglieder** haben die Aufgabe, die Eingabesignale entsprechend der Funktion zu verarbeiten. Bei der Presse befinden sich die Verarbeitungsglieder in einem Schaltschrank. Die Verarbeitungsglieder von Steuerungen werden auch als **Steuerglieder** bezeichnet.

Die Verarbeitungsglieder geben die verarbeiteten Signale an die Ausgabeglieder weiter. **Ausgabeglieder** haben die Aufgabe, den Energie- und Stofffluss der Anlage zu schalten. Bei der Presse geschieht das durch ein Ventil. Das Ventil schaltet den Druckluftstrom zum Zylinder. Die Ausgabeglieder von Steuerungen werden meist als **Stellglieder** bezeichnet. Das Stellglied bildet die Schnittstelle zwischen Steuereinrichtung und Steuerstrecke. Das Stellglied wird der Steuerstrecke zugerechnet.

Der Energie- und Stofffluss wirkt auf das Antriebsglied. **Antriebsglieder** haben die Aufgabe, Bauteile anzutreiben. Bei der Presse erfolgt das durch den Kolben des Zylinders. Der Kolben treibt den Pressenstößel an.

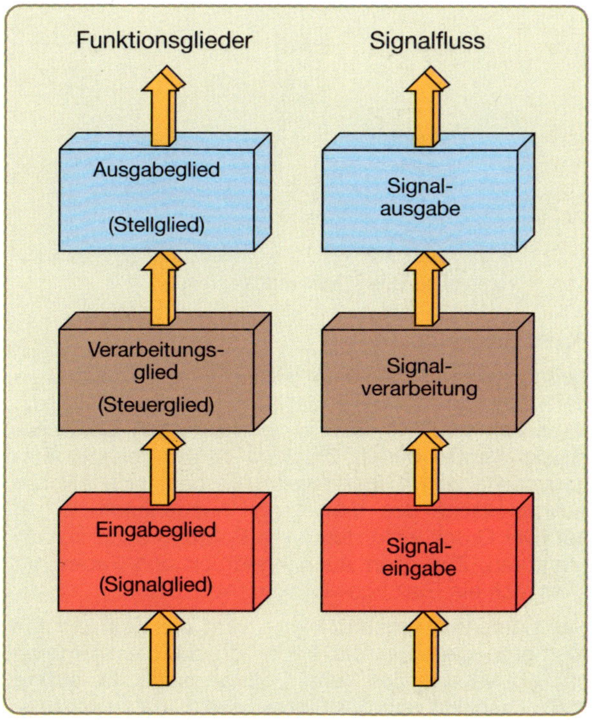

Abb. 3: Signalfluss in einer Steuerung

2.2 Steuerungen und Regelungen

In Anlagen und Maschinen erfüllen Steuerungen und Regelungen wichtige Aufgaben. Steuerungen und Regelungen unterscheiden sich in ihrer Wirkungsweise.

An einfachen Teilsystemen druckluftbetriebener Anlagen sollen Gemeinsamkeiten und Unterschiede zwischen Steuerungen und Regelungen aufgezeigt werden.

2.2.1 Steuerungen

Die Geschwindigkeit, mit der der Zylinder den Pressenstößel antreibt, muss einstellbar sein. Dazu werden **Drosselventile** (Abb. 4) eingesetzt. Drosselventile werden in die Druckluftleitungen zum Zylinder eingebaut.

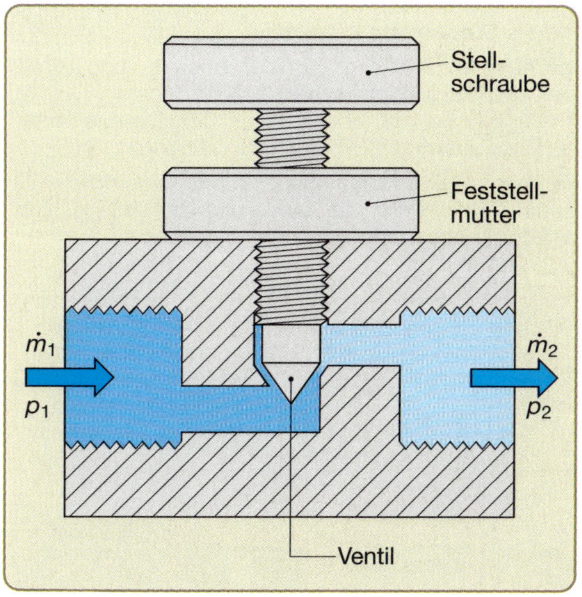

Abb. 4: Schnittbild eines Drosselventils

Funktionsweise

Über die Stellschraube wird die Ventilöffnung im Drosselventil verstellt. Dadurch wird die Menge der zum Zylinder strömenden Luft (Volumenstrom $\dot{V}$) verändert. Wenn der Volumenstrom abnimmt, fährt der Zylinder langsamer aus.

Die Größe des Volumenstromes ist jedoch nicht nur von der Ventilöffnung im Drosselventil abhängig. Der Druckluftstrom wird auch beeinflusst durch die Größe des Druckes auf der Eingangsseite (p_1) und Ausgangsseite (p_2) des Ventils. Schwankt der Druck, ergeben sich veränderte Volumenströme und damit veränderte Verfahrgeschwindigkeiten des Zylinders.

Durch **Drosselventile** wird der Volumenstrom zu den Antriebsgliedern gesteuert. Druckschwankungen können nicht ausgeglichen werden.

Entsprechend ihrer Aufgabe lassen sich folgende Funktionsglieder im Drosselventil unterscheiden und als Funktionsstruktur darstellen (Abb. 1).

Funktionsglieder

Über die Stellschraube als **Eingabeglied** wird ein Signal eingegeben. Das Gewinde als **Verarbeitungsglied** verarbeitet das Signal. Durch das Gewinde wird die Drehbewegung in eine Längsbewegung umgeformt. Das Ventil als Ausgabeglied öffnet oder schließt, je nach Drehrichtung der Stellschraube. Über das **Ausgabeglied** wird die Größe des Druckluftstroms eingestellt.

Im Drosselventil sind die Funktionen eines Signal-, Steuer- und Stellgliedes in einem Bauteil vereinigt. Bei der Pressensteuerung sind für jede einzelne Funktion eigene Bauteile (Handtaster, Ventile) vorhanden.

Funktionsstruktur

Die einzelnen Glieder einer Steuerung wirken der Reihe nach aufeinander ein. Eine solche Anordnung wird als **Steuerkette** bezeichnet.

Das Ausgabeglied wirkt auf den Energie- und Stofffluss der Steuerstrecke. Es verändert deren Größe. Störungen, die sich ebenfalls auf den Energie- oder Stofffluss auswirken, werden nicht ausgeglichen.

Die Energie- und Stoffumsetzung hat keinen rückwirkenden Einfluss auf die Steuerung der Anlage. Der **Wirkungsablauf** einer Steuerung ist **offen**.

Steuern ist der Vorgang in einem System zur Beeinflussung von Größen. Steuerungen haben eine kettenförmige Struktur. Ihr Wirkungsablauf ist offen.

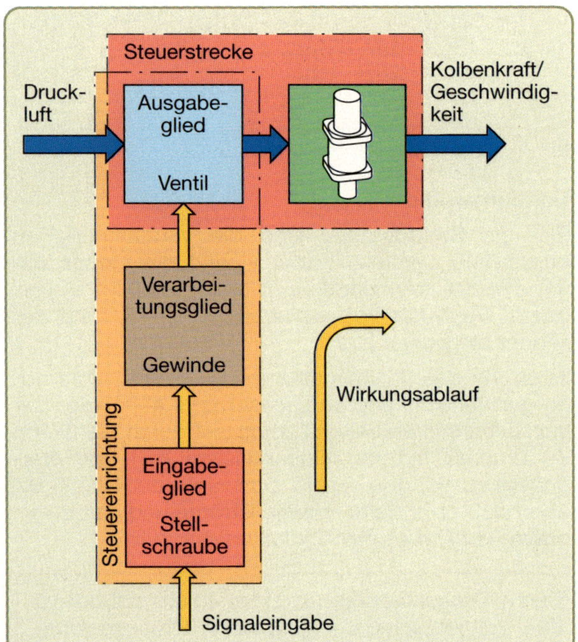

Abb. 1: Funktionsglieder und Funktionsstruktur einer Steuerkette

2.2.2 Regelungen

Der Arbeitsdruck in einer Druckluftanlage muss konstant bleiben. Druckluftschwankungen führen dazu, dass bei Druckluftzylindern unterschiedliche Kolbenkräfte und Verfahrgeschwindigkeiten auftreten.

Druckluftschwankungen entstehen z. B. durch ungleichmäßigen Luftverbrauch der Zylinder.

Damit der Arbeitsdruck gleich bleibt, werden **Druckreduzierventile** eingesetzt (Abb. 2). Sie werden zusammen mit einem Manometer vor jeder Steuerungsanlage eingebaut.

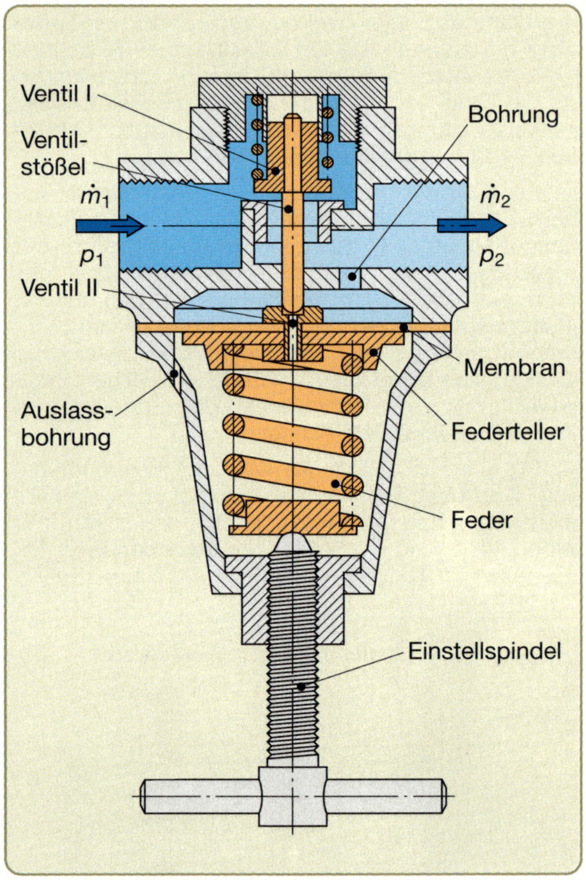

Abb. 2: Schnittbild eines Druckreduzierventils

Funktionsweise

Beim Druckreduzierventil wird durch Rechtsdrehen der Einstellspindel die Feder gespannt. Federteller mit Membran und Ventilstößel werden nach oben gedrückt. Ventil I öffnet. Druckluft strömt von der Eingangsseite zur Ausgangsseite. Es baut sich auf der Ausgangsseite des Ventils der Ausgangsdruck (p_2) auf. Der Druck wirkt durch die Bohrung auch auf die Membran. Zwischen Ausgangsdruck und Federkraft stellt sich ein Gleichgewicht ein (Abb. 3a).

Sinkt der Ausgangsdruck (p_2), wird die Kraft auf die Membran geringer. Die Feder drückt die Membran nach oben und das Ventil I öffnet weiter. Es strömt mehr Druckluft von der Eingangsseite zur Ausgangsseite (Abb. 3b).

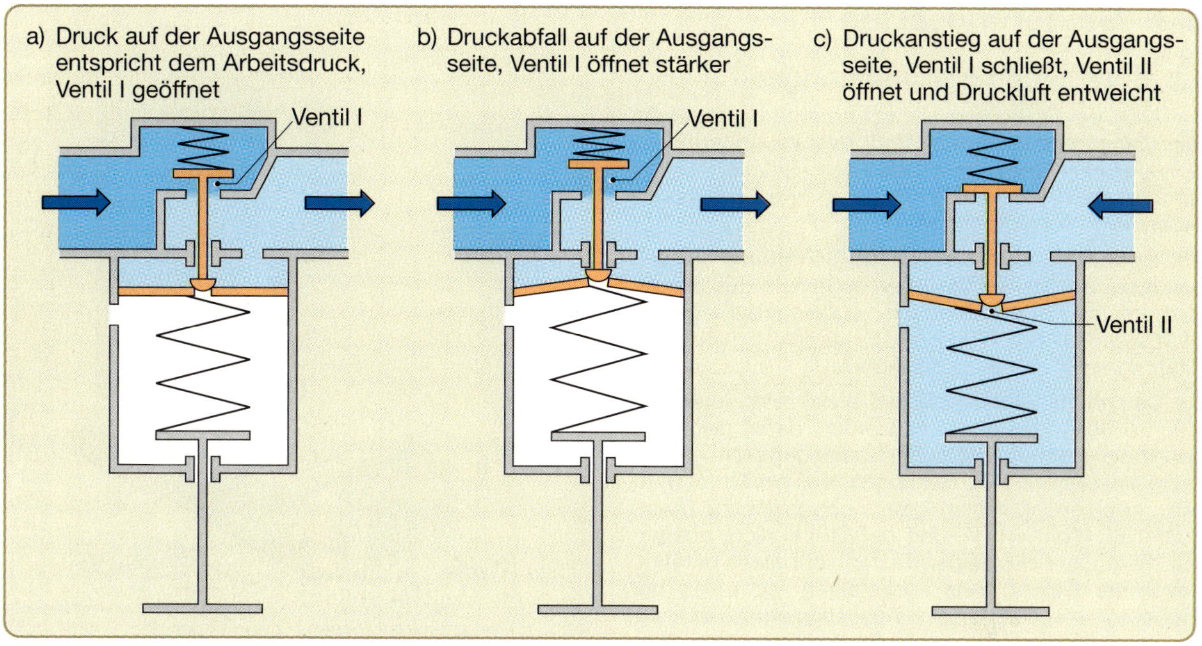

Abb. 3: Funktionsweise eines Druckreduzierventils

Steigt der Ausgangsdruck über den eingestellten Wert, werden Membran und Federteller nach unten gedrückt. Luft entweicht solange über Ventil II und die Auslassbohrung, bis der eingestellte Arbeitsdruck wieder erreicht ist (Abb. 3c).

Durch **Druckreduzierventile** wird der jeweils eingestellte Arbeitsdruck konstant gehalten. Druckschwankungen werden selbsttätig ausgeglichen.

Entsprechend der Aufgabe lassen sich folgende Funktionsglieder im Druckreduzierventil unterscheiden und als Funktionsstruktur darstellen (Abb. 4).

Funktionsglieder

Die Funktionsglieder einer Regelung sind Eingabeglied, Messeinrichtung, Vergleichsglied und Ausgabeglied.

Über die Einstellspindel als **Eingabeglied** wird die Größe des Arbeitsdruckes eingestellt. Der eingestellte Wert bildet den Sollwert. Der tatsächliche Wert des Ausgangsdruckes entspricht dem Istwert. Er wird durch die Membran als **Messeinrichtung** erfasst und durch die Feder als **Vergleichsglied** mit dem Sollwert verglichen. Über das Ventil I und II als **Ausgabeglied** wird der Druck rückwirkend beeinflusst.

Funktionsstruktur

Die einzelnen Glieder einer Regelung wirken im Kreis aufeinander ein. Eine solche Anordnung wird als **Regelkreis** bezeichnet.

Regelungen messen ständig den Istwert, vergleichen ihn mit dem Sollwert und beeinflussen rückwirkend über das Stellglied die Energie- und Stoffumsetzung in der Anlage. Der **Wirkungsablauf** einer Regelung ist **geschlossen**.

Regeln ist der Vorgang zur rückwirkenden Beeinflussung von Größen. Regelungen haben eine kreisförmige Struktur. Ihr Wirkungsablauf ist geschlossen.

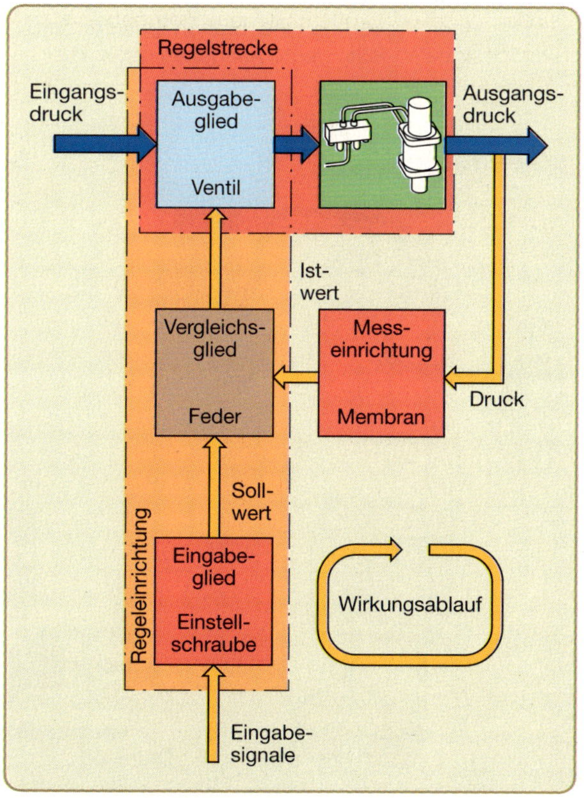

Abb. 4: Funktionsglieder und Funktionsstruktur eines Regelkreises

2.3 Steuerungsarten

2.3.1 Verknüpfungssteuerungen

Bei Arbeiten an Pressen besteht erhöhte Unfallgefahr. Aus Sicherheitsgründen sind deshalb besondere Schutzeinrichtungen vorgeschrieben. Solche Schutzeinrichtungen können Schutzgitter oder Zweihand-Sicherheits-Schaltungen sein.

Bei einer **Zweihand-Sicherheits-Schaltung** müssen beide Hände des Bedienenden außerhalb des Gefahrenbereichs zwei räumlich auseinanderliegende Starttaster betätigen (Abb. 1). Es gelten folgende Bedingungen für den Start der Anlage:

Die beiden Handtaster müssen gleichzeitig innerhalb von 0,5 Sekunden gedrückt werden, damit der Pressenstößel ausfährt. Erfolgt die Betätigung nicht gleichzeitig innerhalb von 0,5 Sekunden, weil ein Taster mutwillig (Bedienungsfehler) oder unbeabsichtigt (Anlagenfehler) blockiert ist, darf der Stößel nicht ausfahren. Wird einer der beiden Taster nicht mehr betätigt, bevor der Stößel ganz ausgefahren ist, muss der Stößel sofort wieder in seine Ausgangslage zurückfahren.

Im Steuerblock der Zweihand-Sicherheits-Schaltung müssen die Eingabesignale so miteinander verknüpft werden, dass nur bei Vorliegen der festgelegten Bedingungen ein Ausgabesignal erfolgt. Steuerungen, die Eingabesignale miteinander verknüpfen, nennt man Verknüpfungssteuerungen.

Verknüpfungssteuerungen verknüpfen Eingabesignale einer Steuerung und ordnen bestimmten Eingabesignalen festgelegte Ausgabesignale zu.

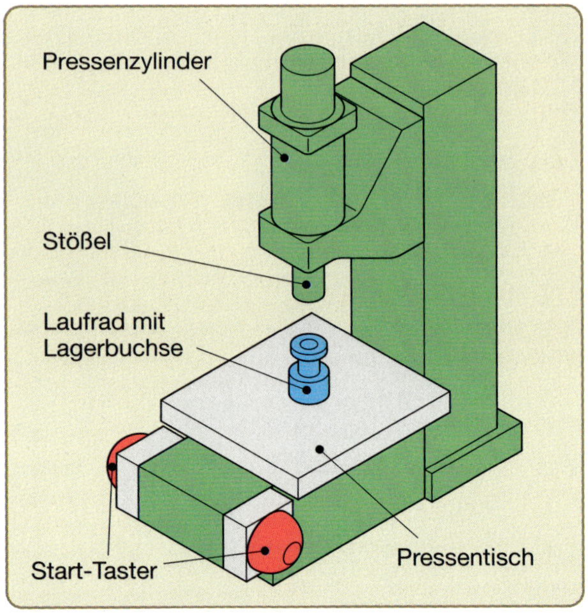

Abb. 1: Pneumatische Presse

Bei der pneumatischen Steuerung der Presse (Abb. 2) werden die Eingabesignale durch Druckluft übertragen und ausgegeben. Die Eingabesignale der Starttaster werden vom Zweihand-Steuerblock nur dann weitergegeben, wenn die festgelegten Startbedingungen erfüllt sind. Nur dann wird Druckluft zum Stellglied geleitet. Das Stellglied schaltet entgegen der Federkraft um. Der Druckluftstrom zum Pressenzylinder wird umgesteuert und der Kolben fährt aus.

Die Steuerung von Startbedingungen für Maschinen und Anlagen erfolgt über Verknüpfungssteuerungen.

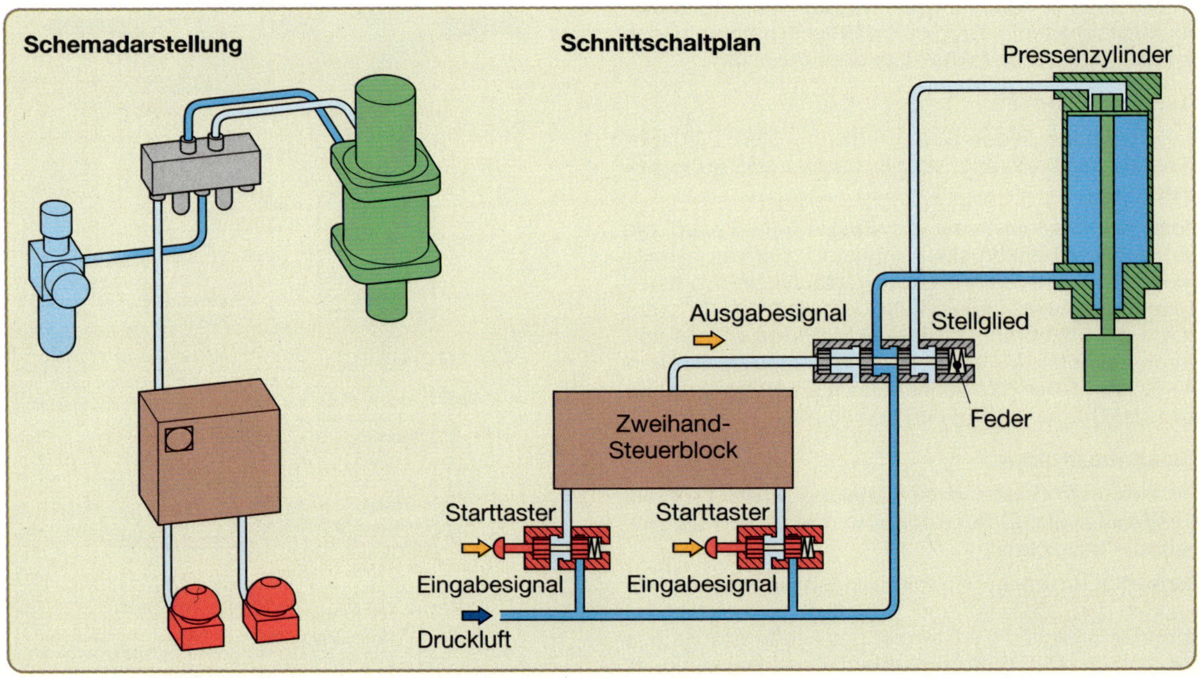

Abb. 2: Schnittschaltplan der pneumatischen Pressensteuerung

2.3.2 Ablaufsteuerungen

Das Einpressen der Lagerbuchse in eine Laufrolle kann weiter automatisiert werden. Dazu ist die Druckluftpresse mit einem Rundtisch auszurüsten (Abb. 3). Der Rundtisch wird durch einen weiteren Druckluftzylinder angetrieben. Mit dem Rundtisch werden die Werkstücke der Presse zugeführt.

An der Presse ergibt sich dann folgender Arbeitsablauf: Der Pressenstößel fährt aus und presst die Lagerbuchse in das Laufrad. Anschließend fährt der Stößel wieder nach oben. Nachdem der Stößel eingefahren ist, wird der Rundtisch um 60° gedreht. Neue Werkstücke stehen zum Fügen bereit.

Der Vorgang läuft selbsttätig (automatisch) Schritt für Schritt ab. Das Weiterschalten von einem Schritt auf den nächsten erfolgt durch Eingabesignale aus der gesteuerten Anlage. Diese Eingabesignale werden durch Grenztaster am Pressenzylinder und Taktzylinder gebildet. Beim Ein- und Ausfahren betätigen die Kolben die Grenztaster.

Ablaufsteuerungen sind Steuerungen mit zwangsläufig schrittweisem Ablauf.

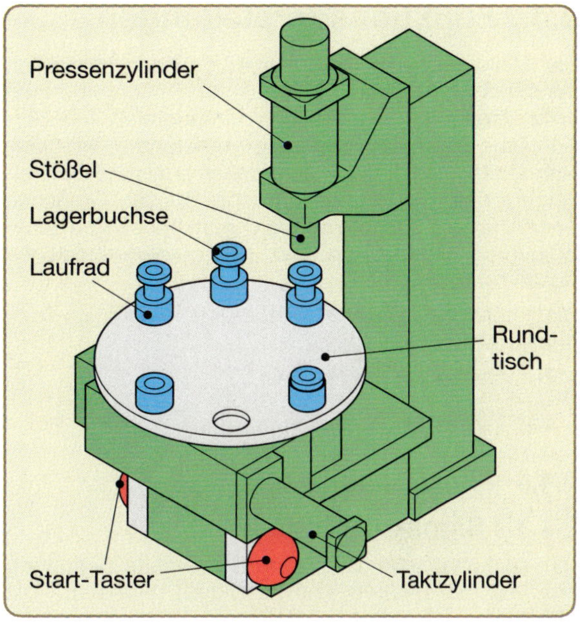

Abb. 3: Pneumatische Presse mit Rundtisch

Bei einer pneumatischen Steuerung (Abb. 4) werden die Eingabesignale durch Druckluft übertragen. Die manuelle Betätigung der Starttaster (3) löst den Arbeitsablauf aus. Der Stößel des Pressenzylinders (1) fährt aus und presst die Lagerbuchse ein. Beim Ausfahren wird der Grenztaster mit Kipprolle (5) nicht betätigt. Der ausgefahrene Pressenstößel betätigt einen Grenztaster (4), dadurch fährt der Stößel selbsttätig wieder ein. Beim Einfahren betätigt der Stößel den Grenztaster mit Kipprolle (5). Dadurch schaltet das Ventil (8) um, das die Druckluft zum Taktzylinder (2) stellt. Der Kolben des Taktzylinders fährt aus und dreht den Rundtisch. Der ausgefahrene Kolben betätigt einen Grenztaster (6). Dadurch fährt der Kolben selbsttätig wieder ein.

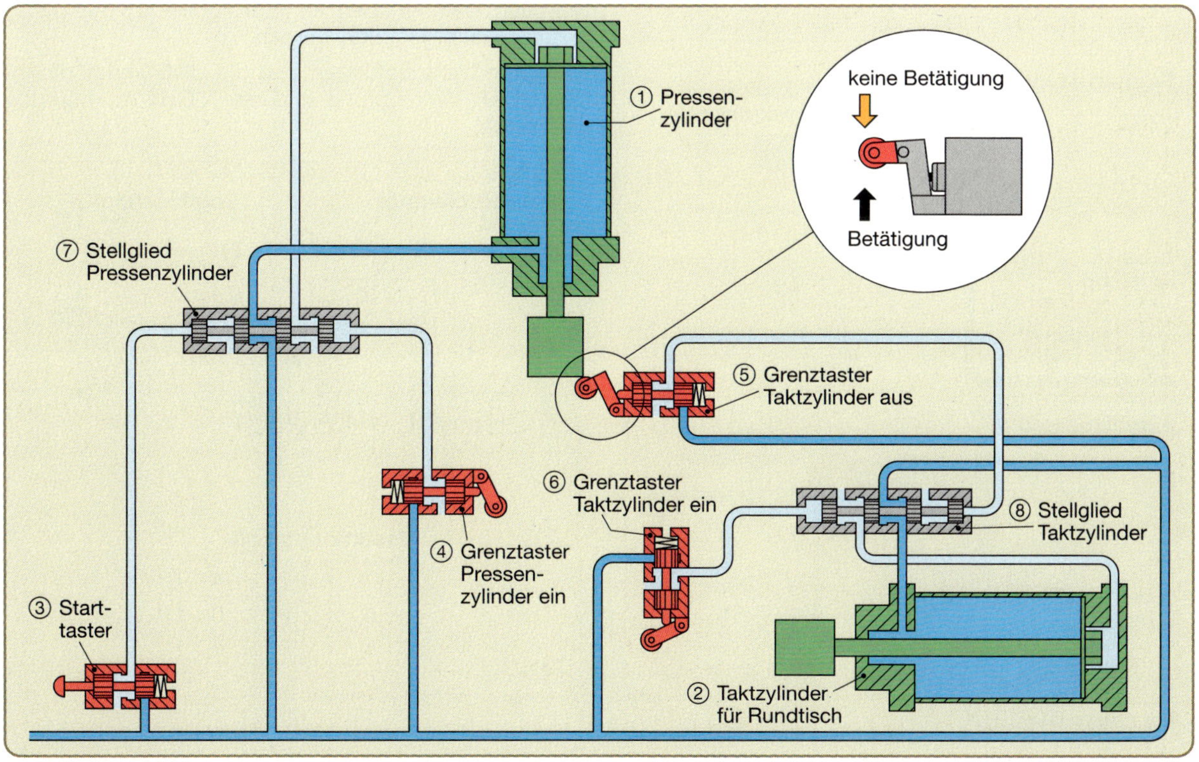

Abb. 4: Schnittschaltplan der pneumatischen Pressensteuerung mit Rundtisch

2.4 Funktionsdarstellungen

Die Funktionsweise einer Steuerung kann sprachlich beschrieben werden. Sprachliche Beschreibungen einer Steuerung sind jedoch umfangreich, unübersichtlich, aufwendig und unter Umständen missverständlich. In der Technik sind daher grafische Darstellungen des Steuerungsvorgangs üblich. Grafische Darstellungen beschreiben die Funktionsweise einer Steuerung unabhängig von der gerätetechnischen Ausführung.

Die Funktionsweise von Steuerungen kann grafisch dargestellt werden durch:

- Funktionspläne (Logikpläne),
- Zustandsdiagramme.

2.4.1 Funktionspläne

2.4.1.1 Signalzustände

Die pneumatische Zweihand-Sicherheits-Schaltung arbeitet mit binären (zweiwertigen) Signalen. Die Starttaster können zwei Schaltzustände einnehmen (Abb. 1). Sie können betätigt oder unbetätigt sein. Sie leiten entweder die Druckluft weiter oder sperren sie ab. An den Eingängen nachgeordneter Bauglieder ist dann Druck vorhanden oder kein Druck vorhanden.

Der Signalzustand an den Eingängen und Ausgängen von Baugliedern kann sein:

- Signal nicht vorhanden (Taster unbetätigt, kein Druck, Zylinder eingefahren), **Signalzustand 0**,
- Signal vorhanden (Taster betätigt, Druck vorhanden, Zylinder ausgefahren), **Signalzustand 1**.

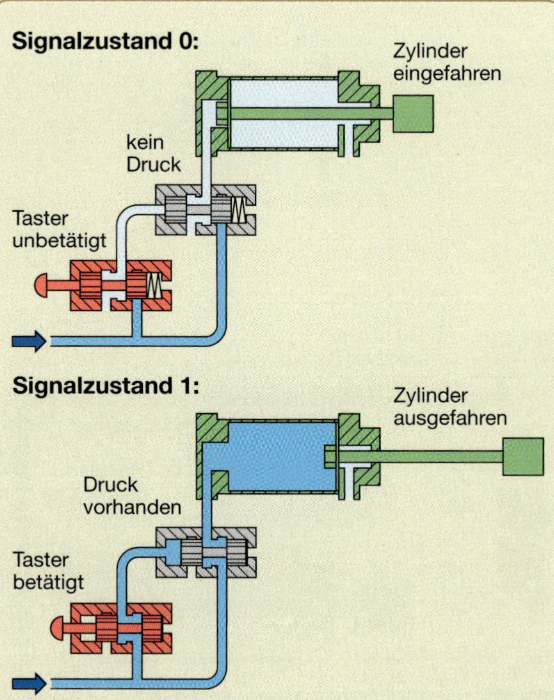

Abb. 1: Signalzustände

2.4.1.2 Logiksymbole

Die Verarbeitung von Signalen kann mit Logiksymbolen dargestellt werden. Die Schaltzeichen für Logiksymbole sind nach DIN 40 900 T.12 genormt (➡ *TAB*).

Logiksymbole beschreiben die Art der Signalverarbeitung grafisch und unabhängig von der Gerätetechnik.

Die Schaltzeichen werden als Rechteck dargestellt. Eingänge werden links, Ausgänge rechts vom Rechteck angeordnet. Der Buchstabe E kennzeichnet die Eingänge, der Buchstabe A die Ausgänge. Im Rechteck wird ein Symbol für die Art der Signalverarbeitung angegeben.

In **Funktionstabellen** werden die Ausgangszustände von Verknüpfungsgliedern in Abhängigkeit von den Eingangszuständen dargestellt. Alle möglichen Kombinationen von Eingangszuständen werden systematisch aufgeführt und die sich daraus ergebenden Ausgangszustände festgehalten. Je mehr Eingangszustände verknüpft werden, um so mehr Kombinationsmöglichkeiten ergeben sich.

2.4.1.3 Schaltfunktionen

Zur Verarbeitung müssen zwei oder mehr Signale miteinander verknüpft, gespeichert oder zeitversetzt ausgegeben werden.

Die Verknüpfung von Signalen wird durch Verknüpfungsfunktionen beschrieben. Sie geben an, unter welchen Bedingungen Eingabesignale als Ausgabesignale weitergegeben werden.

Die Grundverknüpfungen sind die UND-Verknüpfung, die ODER-Verknüpfung und die NICHT-Verknüpfung (Negation).

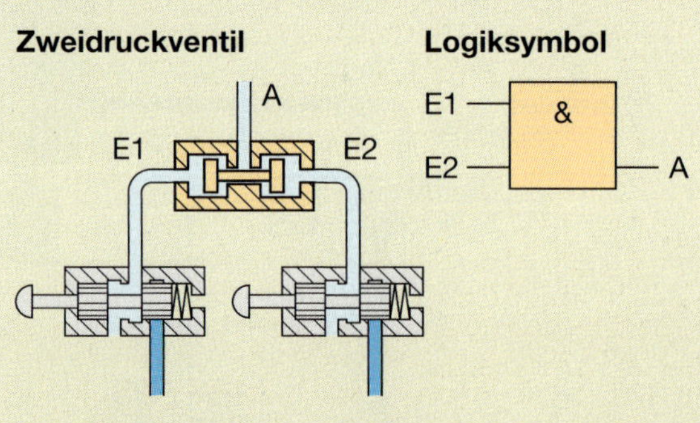

Funktionstabelle

E1	E2	A
0	0	0
1	0	0
0	1	0
1	1	1

Abb. 2: UND-Verknüpfung

Grundfunktionen

UND-Verknüpfung

In pneumatischen Schaltungen lässt sich eine UND-Verknüpfung durch ein Zweidruckventil aufbauen. Das Zweidruckventil leitet nur dann Druckluft zum Ausgang (A) weiter, wenn an beiden Eingängen (E1 und E2) Druckluft ansteht (Abb. 2).

> Der Ausgang einer **UND-Verknüpfung** führt nur dann ein 1-Signal, wenn alle Eingänge ein 1-Signal aufweisen.

Im Logiksymbol wird die UND-Funktion durch ein &-Zeichen gekennzeichnet.

ODER-Verknüpfung

In pneumatischen Schaltungen lässt sich eine ODER-Verknüpfung durch ein Wechselventil aufbauen. Das Wechselventil leitet Druckluft zum Ausgang (A) weiter, wenn an einem oder an beiden Eingängen (E1 oder E2) Druckluft ansteht (Abb. 3).

> Der Ausgang einer **ODER-Verknüpfung** führt immer dann ein 1-Signal, wenn mindestens ein Eingang ein 1-Signal aufweist.

Im Logiksymbol wird die ODER-Funktion durch ein ≥1-Zeichen gekennzeichnet.

NICHT-Verknüpfung

In pneumatischen Schaltungen lässt sich die NICHT-Verknüpfung durch ein Umschaltventil aufbauen. Steht am Eingang (E) des Umschaltventils ein Signal (Druckluft) an, wird der Luftweg zum Ausgang (A) abgesperrt (Abb. 4).

> Der Ausgang einer **NICHT-Verknüpfung** hat ein 1-Signal, wenn der Eingang ein 0-Signal aufweist. Weist der Eingang ein 1-Signal auf, hat der Ausgang ein 0-Signal. Das Eingabesignal wird umgedreht, negiert.

Am Logiksymbol wird die NICHT-Funktion durch einen kleinen Kreis gekennzeichnet.

Speicherfunktion

In pneumatischen Schaltungen lässt sich die Speicherfunktion durch ein Impulsventil erreichen. Impulsventile werden durch Druckluft gestellt. Steht am Eingang (S) ein Signal an (Setzen), so bleibt der Luftweg am Ausgang (A) auch nach Wegnahme des Eingabesignals geöffnet. Erst durch ein Gegensignal (R) wird der Luftweg zum Ausgang abgesperrt (Rücksetzen). Die Signalzustände werden gespeichert (Abb. 5).

Im Logiksymbol werden die Eingänge mit S (Setzen) und R (Rücksetzen) gekennzeichnet.

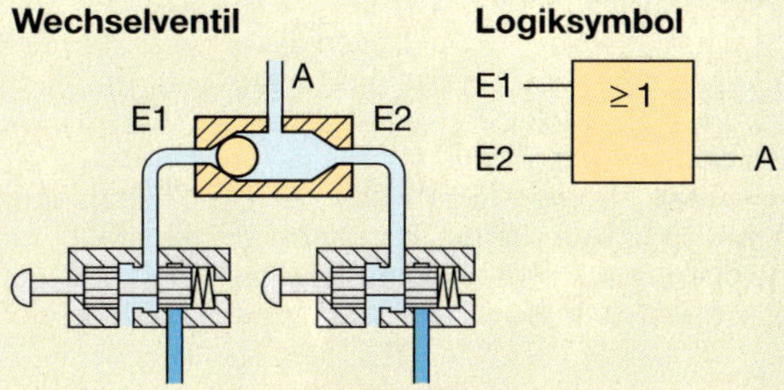

Funktionstabelle

E1	E2	A
0	0	0
1	0	1
0	1	1
1	1	1

Abb. 3: ODER-Verknüpfung

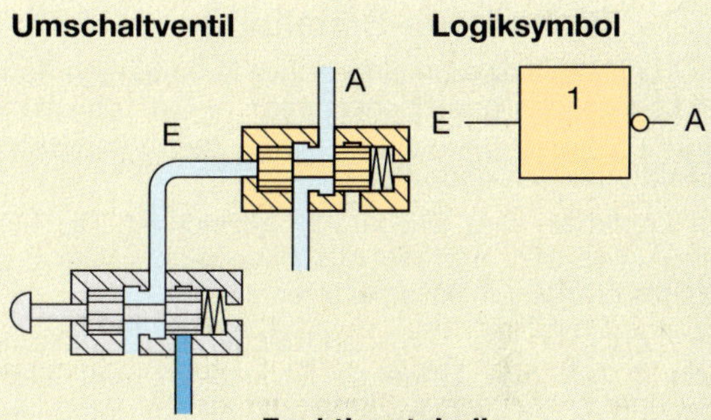

Funktionstabelle

E	A
0	1
1	0

Abb. 4: NICHT-Verknüpfung

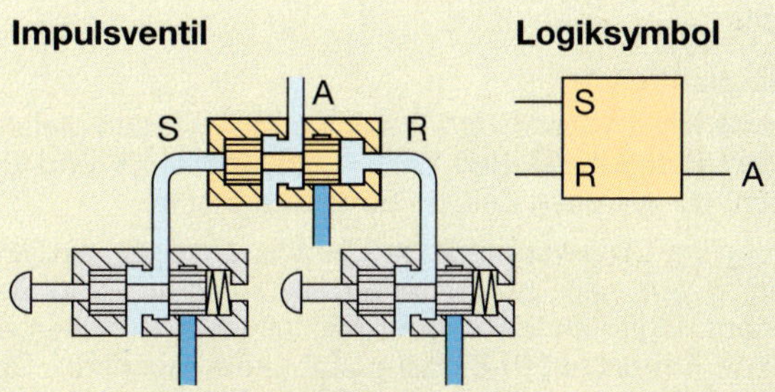

Funktionstabelle

S	R	A
0	0	gespeichert
1	0	1
0	1	0
1	1	unbestimmt

Abb. 5: Speicherfunktion

Zeitfunktionen

In pneumatischen Schaltungen lässt sich die Zeitfunktion durch ein Drosselrückschlagventil mit nachgeordnetem Druckluftspeicher aufbauen (Abb. 1). Das Drosselrückschlagventil (1) lässt die Druckluft nur gedrosselt strömen. Erst wenn der Druckluftspeicher (2) mit Druckluft gefüllt ist, steht am Ausgang des Speichers ein Ausgabesignal an. Das Umschaltventil (3) schaltet um, wenn ein bestimmter Druck erreicht ist.

Bei der **Zeitfunktion** wird das 1-Signal eines Eingangs zeitversetzt als 1-Signal am Ausgang wiedergegeben.

Die Wirkung von Zeitgliedern wird nicht in Schalttabellen dargestellt. Eingabesignal und Ausgabesignal haben den gleichen Wert. Sie sind aber gegeneinander zeitversetzt.

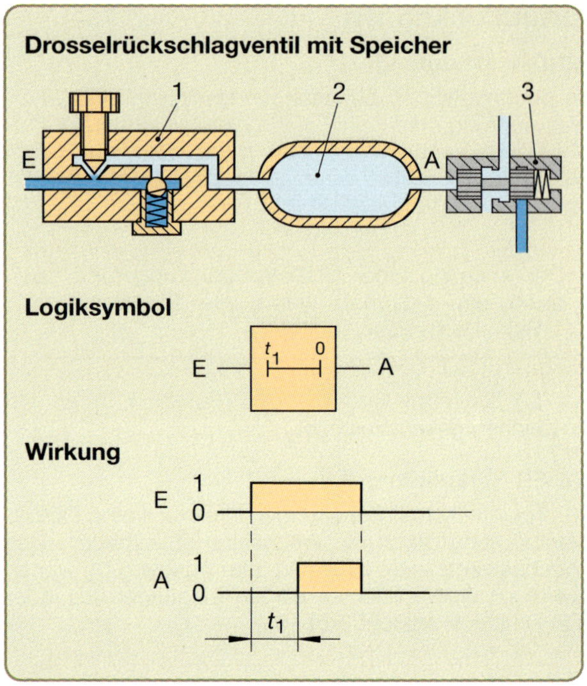

Abb. 1: Zeit-Funktion

2.4.1.4 Funktionsplan einer Zweihand-Sicherheits-Schaltung

Die Funktionsweise umfangreicher Schaltungen kann mit Logikplänen beschrieben werden. Die Logikpläne werden mit Logiksymbolen der entsprechenden Schaltfunktionen gezeichnet.

Der Logikplan wird waagerecht gezeichnet. Die Eingänge sind links und die Ausgänge rechts. Der Signalfluss erfolgt von links nach rechts.

Der Logikplan der Zweihand-Sicherheits-Schaltung (Abb. 2) hat zwei Eingänge E1 und E2 und einen Ausgang A. Die Signalverarbeitung erfolgt durch eine UND-Verknüpfung, eine ODER-Verknüpfung und eine Zeit-Funktion sowie zwei UND-Verknüpfungen mit negiertem Eingang (NICHT-Funktion).

Der Schnittschaltplan zeigt den gerätemäßigen Aufbau der Zweidruck-Sicherheits-Schaltung durch pneumatische Bauglieder (Abb. 3). Schaltpläne werden so gezeichnet, dass der Signalfluss von unten nach oben verläuft. Man erkennt folgenden Signalfluss:

Möglichkeit 1:

Beide Handtaster (Start-Taster 1 und 2) werden gleichzeitig betätigt. An den beiden Eingängen E1 und E2 steht zur gleichen Zeit ein Eingabesignal an.

Über die UND-Verknüpfung (Zweidruckventil) wird ein Signal zur nachgeschaltenen UND-Verknüpfung mit einem negierten Eingang (Umschaltventil 1) weitergeleitet. Am negierten Eingang steht kein Signal an. Die NICHT-Funktion ändert das 0-Signal in ein 1-Signal. **Am Ausgang steht ein Ausgabesignal an**. Das Stellglied schaltet um. Der Pressenzylinder fährt aus.

Das Ausgabesignal wird auf den negierten Eingang der anderen UND-Verknüpfung mit negiertem Eingang (Umschaltventil 2) verzweigt. Die NICHT-Funktion verändert das 1-Signal in ein 0-Signal. Die Eingabesignale über das ODER-Glied können nicht wirksam werden. Die Druckluft zum Drosselrückschlagventil mit Luftspeicher ist gesperrt.

Möglichkeit 2:

Nur ein Handtaster (z. B. Start-Taster 1) wird betätigt. Nur an einem Eingang, z. B. E1, steht ein Eingabesignal an.

Die UND-Verknüpfung (Zweidruckventil) gibt kein Signal weiter. Über die ODER-Verknüpfung (Wechselventil) wird ein Signal zur nachgeschalteten UND-Verknüpfung mit einem negierten Eingang (Umschaltventil 2) weitergeleitet. Am negierten Eingang steht kein Signal an. Die NICHT-Funktion verändert das 0-Signal in ein 1-Signal. Die Druckluft wird zum Drosselrückschlagventil mit Luftspeicher weitergeleitet.

Das Signal wird durch die Zeit-Funktion zeitversetzt auf den negierten Eingang der anderen UND-Verknüpfung (Umschaltventil 1) geführt. Die NICHT-Funktion verändert das 1-Signal in ein 0-Signal. Der Ausgang ist gesperrt.

Wird nun der zweite Handtaster betätigt, steht am zweiten Eingang E2 ein Eingabesignal an. Die UND-Verknüpfung (Zweidruckventil) ist zwar gegeben, aber **ein Ausgabesignal kann nicht mehr ausgegeben werden**. Der Luftweg beim Umschaltventil 1 ist gesperrt. Das Stellglied schaltet nicht um. Der Pressenzylinder bleibt eingefahren.

Möglichkeit 3:

Beide Handtaster (Start-Taster 1und 2) sind betätigt. Der Pressenzylinder fährt aus. Ein Handtaster (z. B. Start-Taster 2) wird nicht mehr betätigt. Am Eingang, z. B. E2, steht kein Eingabesignal mehr an.

Die UND-Verknüpfung (Zweidruckventil) ist nicht mehr erfüllt. **Es wird kein Ausgabesignal mehr ausgegeben**. Das Stellglied schaltet in Ausgangsstellung zurück. Der Pressenzylinder fährt wieder ein.

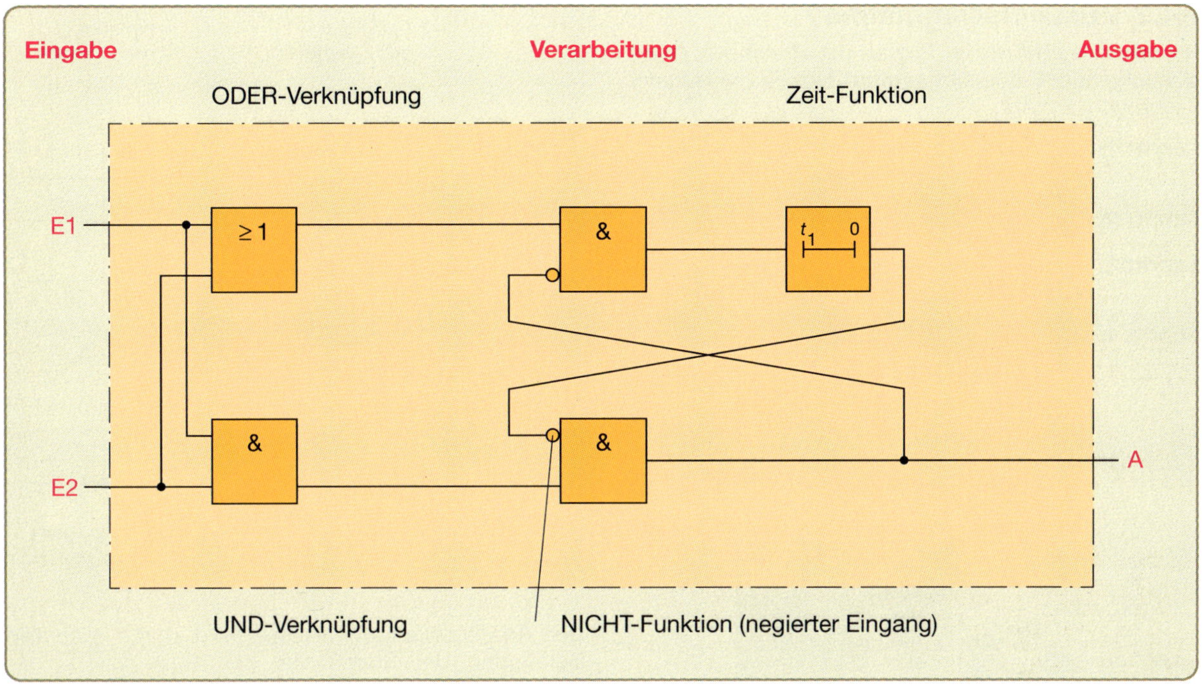

Abb. 2: Logikplan der Zweihand-Sicherheits-Schaltung

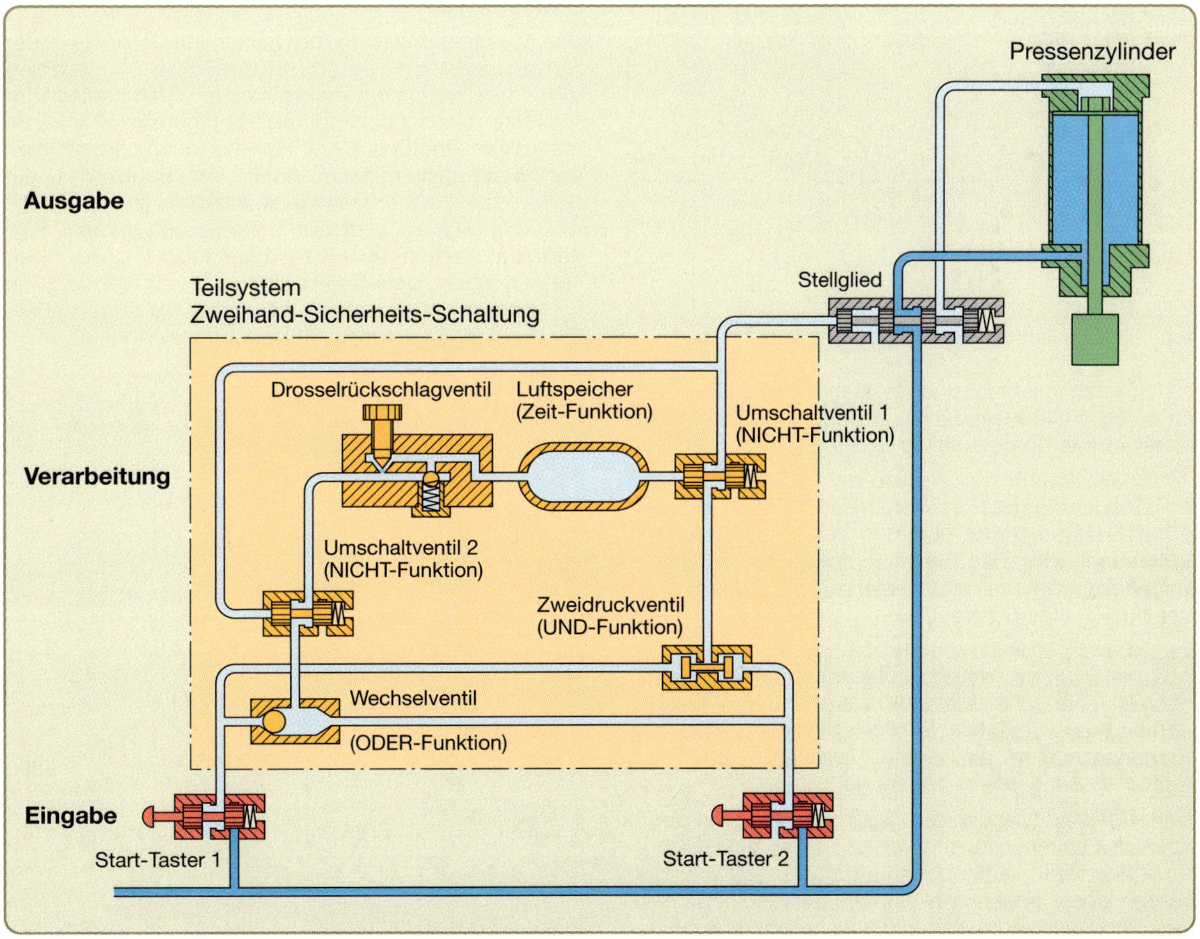

Abb. 3: Schnittschaltplan der Zweihand-Sicherheits-Schaltung

2.4.2 Zustandsdiagramme

Bei der pneumatischen Presse mit Rundtisch ergibt sich folgender **Steuerungsablauf** zum Einpressen der Lagerbuchsen (Abb. 1):

Schritt 1: Der Pressenzylinder fährt aus, die Lagerbuchse wird eingepresst.

Schritt 2: Der Pressenzylinder fährt ein.

Schritt 3: Der Taktzylinder fährt aus, der Rundtisch wird gedreht.

Schritt 4: Der Taktzylinder fährt ein.

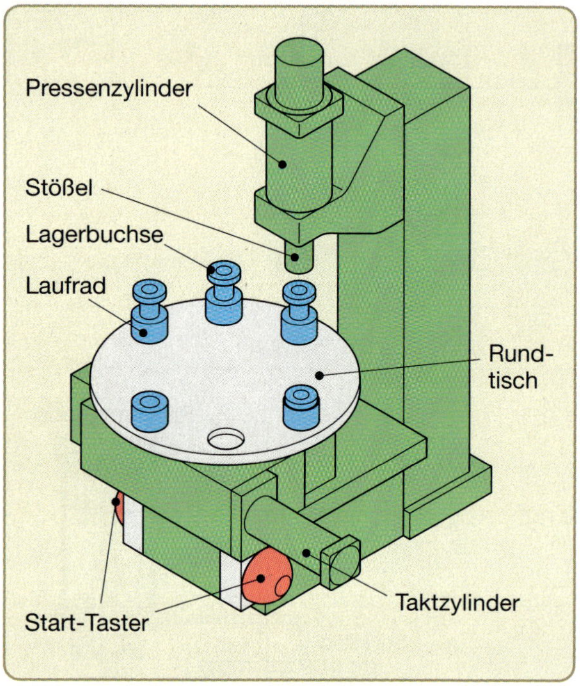

Abb. 1: Pneumatische Presse mit Rundtisch

Der Steuerungsablauf und die steuerungsmäßige Verknüpfung der Bauglieder kann grafisch in **Zustandsdiagrammen** dargestellt werden.

Die Grundlage für den Aufbau der Diagramme bildet die Gliederung des Steuerungsablaufs in einzelne Schritte. Die Schritte ergeben sich aus Zustandsänderungen der Bauglieder. Solche Zustandsänderungen sind das Ein- und Ausfahren der Zylinder oder das Umschalten der Ventile.

Die Zustandsänderungen und die Schaltzustände der Bauglieder werden durch **Funktionslinien** angegeben (Abb. 2). Die Schaltzustände werden durch waagerechte Linien dargestellt. Schmale Volllinien geben den Ausgangszustand an. Breite Volllinien werden bei betätigten Baugliedern gezeichnet.

Zustandsänderungen der Zylinder werden durch schräge Funktionslinien zwischen zwei Schaltschritten dargestellt. Zustandsänderungen von Ventilen werden durch senkrechte Funktionslinien dargestellt. Die Funktionslinien für eine Zustandsänderung beginnen an der Linie für einen Schaltschritt.

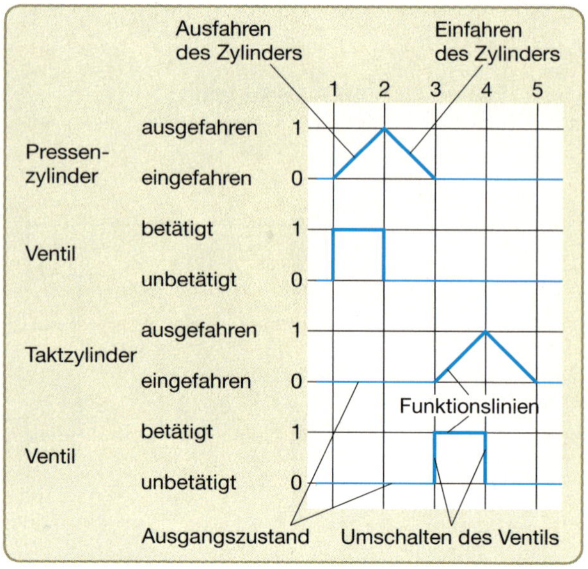

Abb. 2: Darstellung von Funktionslinien

Der Arbeitsablauf der Presse wird durch manuelle Betätigung der Start-Taster ausgelöst. Die Folgeschritte laufen selbsttätig ab. Ausgelöst werden sie durch Grenztaster, die durch die Zylinderkolben betätigt werden.

Das Zusammenwirken der einzelnen Bauteile einer Steuerung wird durch **Signallinien** angegeben (Abb. 3). Betätigt ein Zylinder einen Grenztaster zum Auslösen eines Ablaufschritts, beginnt die Signallinie mit einem Punkt auf der Funktionslinie. Signallinien enden an den Funktionslinien der Bauglieder, die durch das Signal beeinflusst werden. Die Wirkrichtung der Signale wird durch Pfeile angegeben. Signallinien werden vorwiegend senkrecht gezeichnet, können aber auch beliebig abgewinkelt werden. An Funktionslinien beginnen und enden sie abgewinkelt. Sie werden als schmale Volllinien gezeichnet.

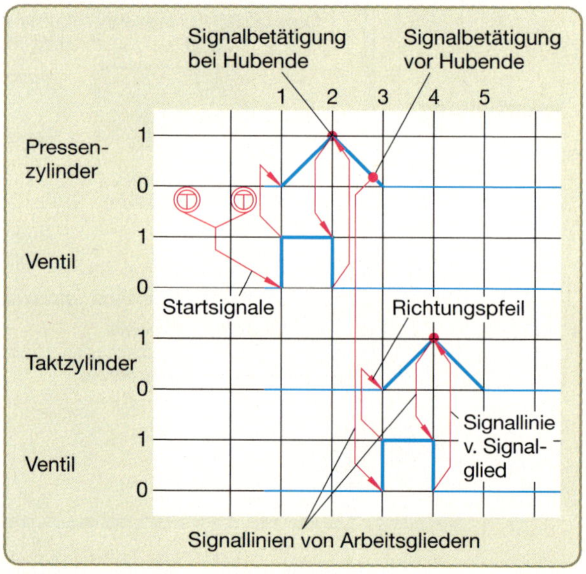

Abb. 3: Darstellung von Signallinien

Die Signallinien der **Startsignale** werden immer an die Funktionslinie des Baugliedes gezogen, welches die erste Zustandsänderung auslöst. Die Art der Signaleingabe wird durch genormte Symbole dargestellt. Die Verknüpfung von Signalen lässt sich ebenfalls darstellen (Abb. 4).

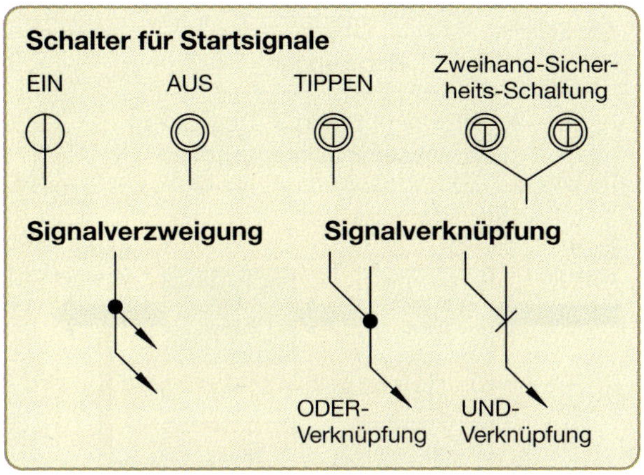

Abb. 4: Symbole für Startsignale und Signalverknüpfungen

In Verbindung mit dem Schaltplan (vgl. Abschnitt 5.5.4) erleichtern Zustandsdiagramme das Erfassen des Steuerungsablaufs. Aus Zustandsdiagrammen ist die Schaltstellung aller Bauglieder einer Steuerung ersichtlich (Abb. 5). Sie sind wichtige Unterlagen zur Überwachung und Instandsetzung von Steuerungen.

Das Zustandsdiagramm für die pneumatische Presse zeigt folgenden Steuerungsablauf:

Schritt 1: **Start, Einpressen der Lagerbuchse**

Durch die Betätigung der beiden Starttaster der Zweihand-Sicherheits-Schaltung 1S2 wird die Anlage gestartet. Der Kolben des Pressenzylinders 1A fährt aus und presst die Lagerbuchse in das Laufrad.

Schritt 2: **Einfahren des Pressenkolbens**

Der ausgefahrene Kolben betätigt den Grenztaster 2S1. Dadurch wird das Ventil 1V3 zurückgeschaltet. Der Kolben des Pressenzylinders fährt wieder ein. Der Grenztaster 2S1 wird nicht mehr betätigt.

Schritt 3: **Weiterschalten des Rundtisches**

Beim Einfahren betätigt der Pressenkolben kurzzeitig den Grenztaster 1S1. Dadurch wird das Ventil 2V1 umgeschaltet. Der Kolben des Taktzylinders 2A fährt aus und schaltet den Rundtisch weiter.

Schritt 4: **Einfahren des Taktzylinderkolbens**

Der ausgefahrene Kolben des Taktzylinders betätigt den Grenztaster 2S2. Dadurch wird das Ventil 2V1 zurückgeschaltet. Der Kolben des Taktzylinders fährt ein. Der Grenztaster 2S2 ist nicht mehr betätigt.

Schritt 5: **Ausgangsstellung**

Die Bauglieder befinden sich wieder in der Ausgangsstellung. Ein neuer Start der Anlage ist möglich.

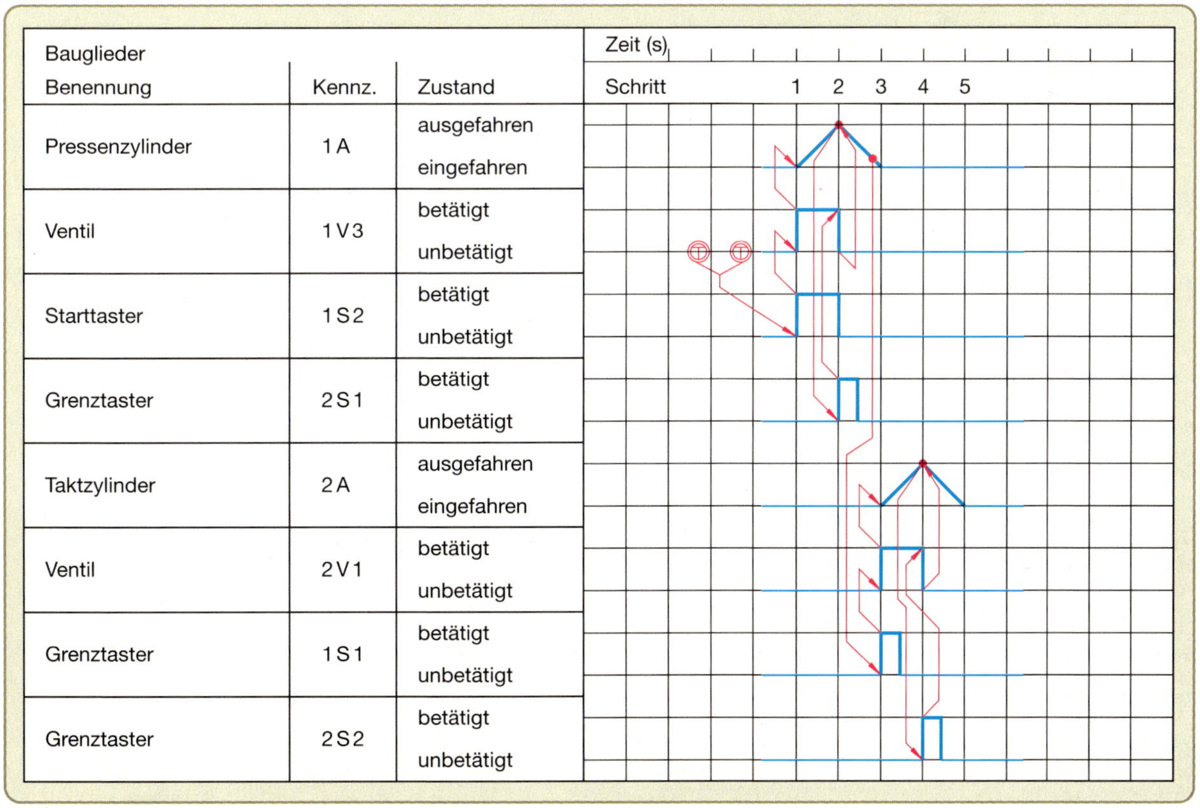

Abb. 5: Zustandsdiagramm der pneumatischen Presse

Zusammenfassung

Informationsumsetzende Systeme

Steuerungen

- kettenförmige Struktur (Steuerkette)
- offener Wirkungsablauf

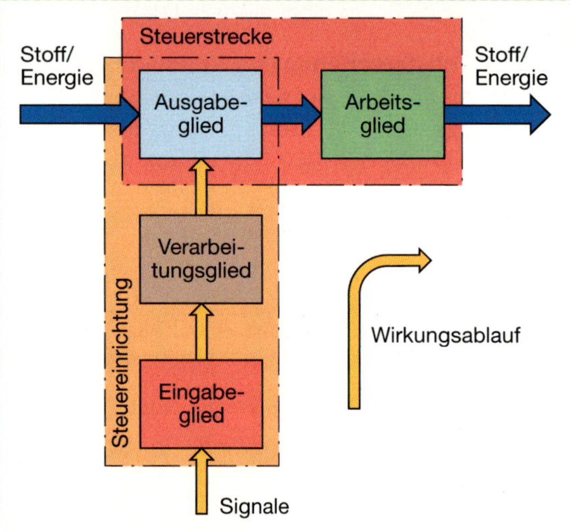

Regelungen

- kreisförmige Struktur (Regelkreis)
- geschlossener Wirkungsablauf

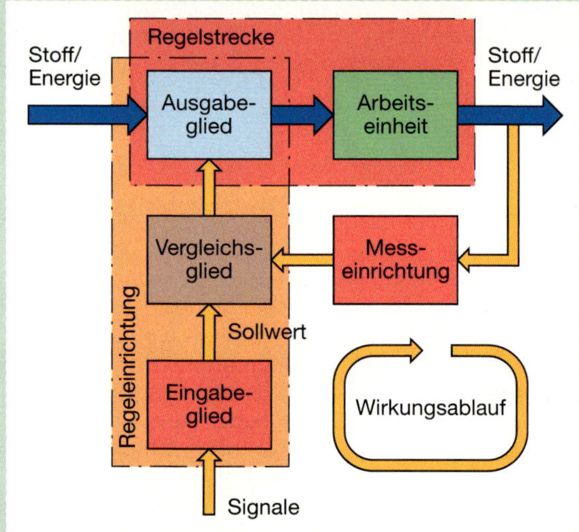

Steuerungsarten

Verknüpfungssteuerungen

- Zuordnung bestimmter Eingabesignale zu Ausgabesignalen,
- Signalverarbeitung durch:
  ⇒ Verknüpfungsfunktionen,
  ⇒ Speicherfunktionen,
  ⇒ Zeitfunktionen

Funktionsdarstellung durch:
Funktionsplan und Funktionstabelle

Logiksymbol

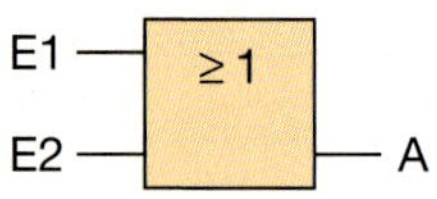

Funktionstabelle

E1	E2	A
0	0	0
1	0	0
0	1	0
1	1	1

Ablaufsteuerungen

- zwangsläufig schrittweiser Steuerungsablauf,
- selbsttätiges Weiterschalten von einem Schritt auf den nachfolgenden

Funktionsdarstellung durch:
Zustandsdiagramm

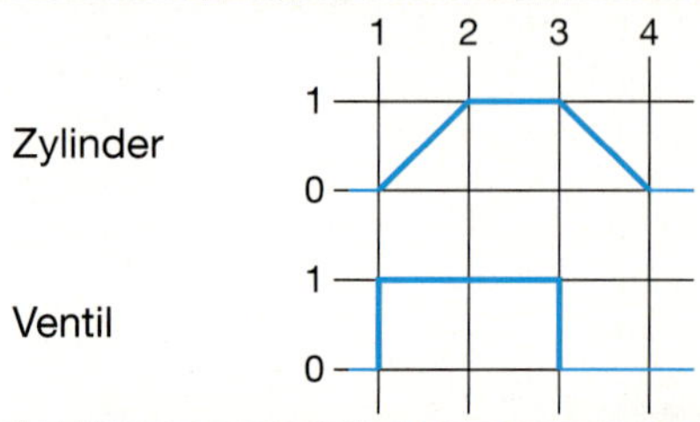

Aufgaben

1. Unterscheiden Sie Steuern und Regeln.

2. Unterscheiden Sie die Teilsysteme Steuerstrecke und Steuereinrichtung einer Steuerungsanlage.

3. Beschreiben Sie die Aufgabe der Bauglieder

- Signalglied,
- Stellglied,
- Steuerglied,
- Antriebsglied

einer Steuerung.

4. Beschreiben Sie die Unterschiede zwischen Verknüpfungssteuerungen und Ablaufsteuerungen.

5. Unterscheiden Sie die beiden Signalzustände Null und Eins bei den Baugliedern einer pneumatischen Steuerung (z. B. Pressensteuerung).

6. Eine Anlage soll wahlweise über eine Zweihand-Bedienung (Handtaster 1 und Handtaster 2) oder einen Fußschalter gestartet werden können.

Untersuchen Sie die Startbedingungen der Anlage. Übernehmen und ergänzen Sie dazu untenstehende Funktionstabelle.

Logikplan

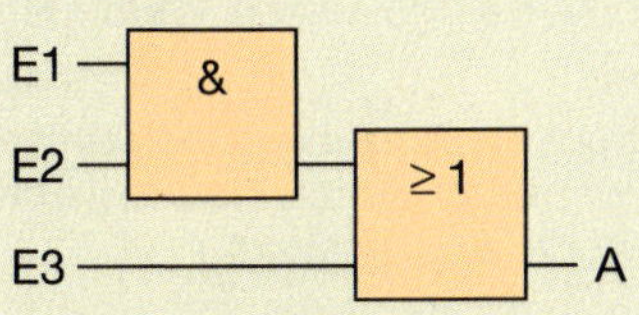

E1 = Handtaster 1
E2 = Handtaster 2
E3 = Fußschalter

Funktionstabelle

E1	E2	E3	A
0	0	0	
1	0	0	
0	1	0	
1	1	0	
0	0	1	
1	0	1	
0	1	1	
1	1	1	

7. Eine Verknüpfungssteuerung soll folgende Funktion erfüllen:

Ein Ausgangssignal soll nur dann gegeben werden, wenn an den Eingängen E1 oder E2 und E3 ein Eingabesignal vorhanden ist.

Ergänzen Sie den Logikplan und die Funktionstabelle.

Logikplan

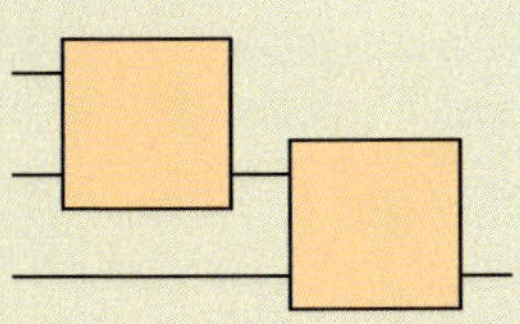

Funktionstabelle

E1	E2	E3	A
0	0	0	
1	0	0	
0	1	0	
1	1	0	
0	0	1	
1	0	1	
0	1	1	
1	1	1	

8. Eine Presse soll erst dann arbeiten, wenn das Schutzgitter zugefahren ist (Grenztaster) und die beiden Handtaster betätigt sind.

Entwerfen Sie den Logikplan und die Funktionstabelle für die Schaltung.

9. Erläutern Sie die mit Nummern versehenen Darstellungen im Zustandsdiagramm.

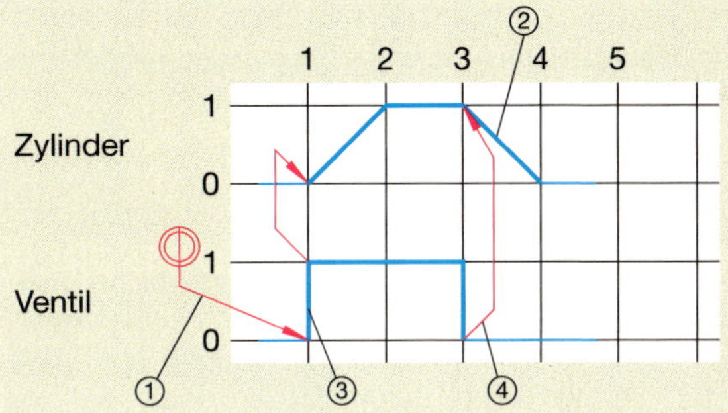

10. An einer Vorrichtung werden die Werkstücke mit einem Spannzylinder (Zylinder 1) gespannt und selbsttätig durch den Zylinder 2 ausgeworfen.

Beschreiben Sie die Bewegungen der beiden Zylinder anhand des Zustandsdiagramms.

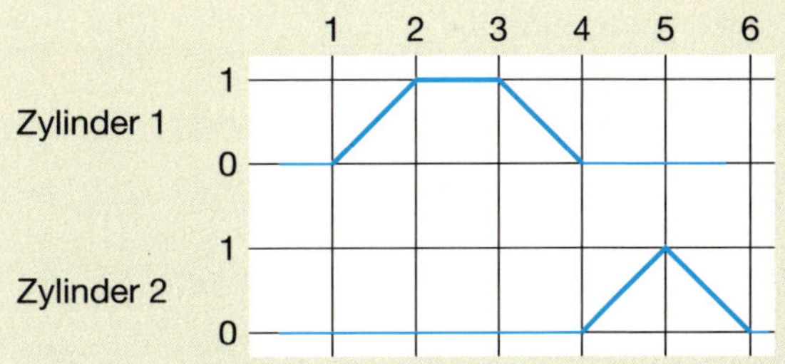

11. Eine Biegevorrichtung zum Abkanten von Blechen zeigt folgenden Steuerungsablauf:

Ausgangsstellung: Beide Zylinder sind eingefahren.

Schritt 1: Der Spannzylinder fährt aus und spannt das Blech.

Schritt 2: Anschließend fährt der Biegezylinder aus und biegt das Blech.

Schritt 3: Der Biegezylinder fährt wieder in die Ausgangsstellung zurück.

Schritt 4: Der Spannzylinder fährt wieder in die Ausgangsstellung zurück und gibt das Blech frei.

Skizzieren Sie für die beiden Zylinder der Biegevorrichtung das Zustandsdiagramm (nur die Funktionslinien).

2.5 Pneumatische Steuerungen

Zum Antrieb und zur Steuerung der pneumatischen Presse wird Druckluft verwendet. Anlagen, bei denen Druckluft als Energie eingesetzt wird, bezeichnet man als pneumatische Steuerungen.

Bei **pneumatischen Steuerungen** wird Druckluft zur Steuerung von Maschinen und Anlagen eingesetzt.

Eine pneumatische Anlage besteht aus den Teilsystemen (Abb. 1):

- Druckluftbereitstellung,
- Steuerteil und
- Arbeitsteil.

Steuerteil und Arbeitsteil bilden die eigentliche pneumatische Steuerung.

Der Steuerteil nimmt die Eingabesignale auf, verarbeitet sie und wirkt durch Steuersignale auf den Arbeitsteil.

Der Arbeitsteil führt den Arbeitsvorgang aus.

2.5.1 Einheiten zur Druckluftbereitstellung

Anlagenteile zur Druckluftbereitstellung sind:

- Druckerzeugungsanlage und
- Aufbereitungseinheit.

In einer Pneumatikanlage wird die Druckluft meistens zentral in einer Druckerzeugungsanlage erzeugt. Über Druckluftleitungen wird die Druckluft zu den verschiedenen Druckluftgeräten und Maschinen geführt. Vor jedem Druckluftgerät und jeder Maschine werden Aufbereitungseinheiten eingebaut.

Druckerzeugungsanlage

Die zentrale Druckerzeugungsanlage (Abb. 2) hat die Aufgabe, für den Betrieb ausreichend Druckluft bereitzustellen.

Die Druckluft wird mit einem Verdichter erzeugt. Der Verdichter saugt die Luft durch einen Luftfilter an, verdichtet sie und drückt die Druckluft in den Druckluftbehälter. Der Verdichter wird durch einen Elektromotor angetrieben. Da sich die Luft beim Verdichten erwärmt, muss sie in einem Kühler abgekühlt werden. Beim Abkühlen kondensiert Wasser, das sich in der Druckluft befindet. Im Kondensatabscheider wird das Wasser abgeschieden.

Der Druckluftbehälter speichert die Druckluft und stellt einen gleichbleibenden Arbeitsdruck für die angeschlossenen Druckluftgeräte sicher. Ein Druckschalter regelt den Druck im Behälter. Dazu schaltet er den Elektromotor ein und aus.

Fällt der Druck im Druckuftbehälter unter einen eingestellten Wert, wird der Elektromotor eingeschaltet. Steigt der Druck über einen eingestellten Wert, wird der Motor abgeschaltet.

Zur Sicherheit ist ein Druckbegrenzungsventil eingebaut. Das Ventil öffnet, wenn der Druck im Druckluftbehälter über den zulässigen Wert ansteigt.

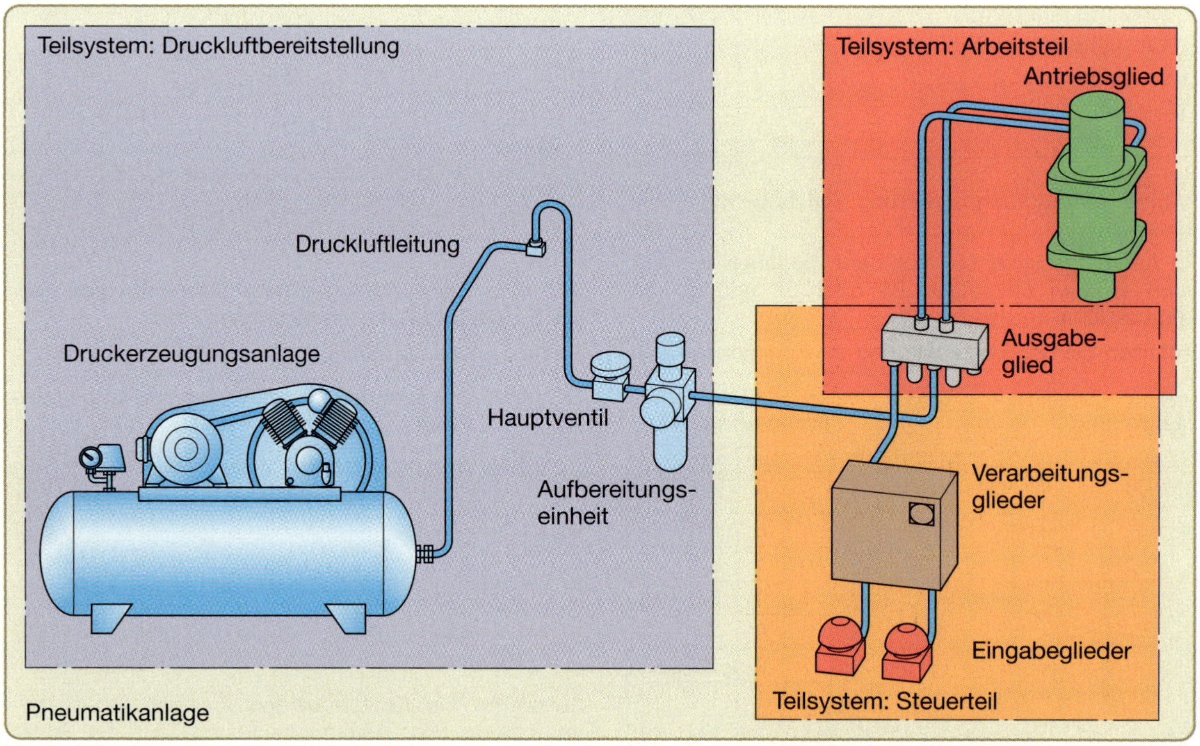

Abb. 1: Aufbau einer pneumatischen Anlage

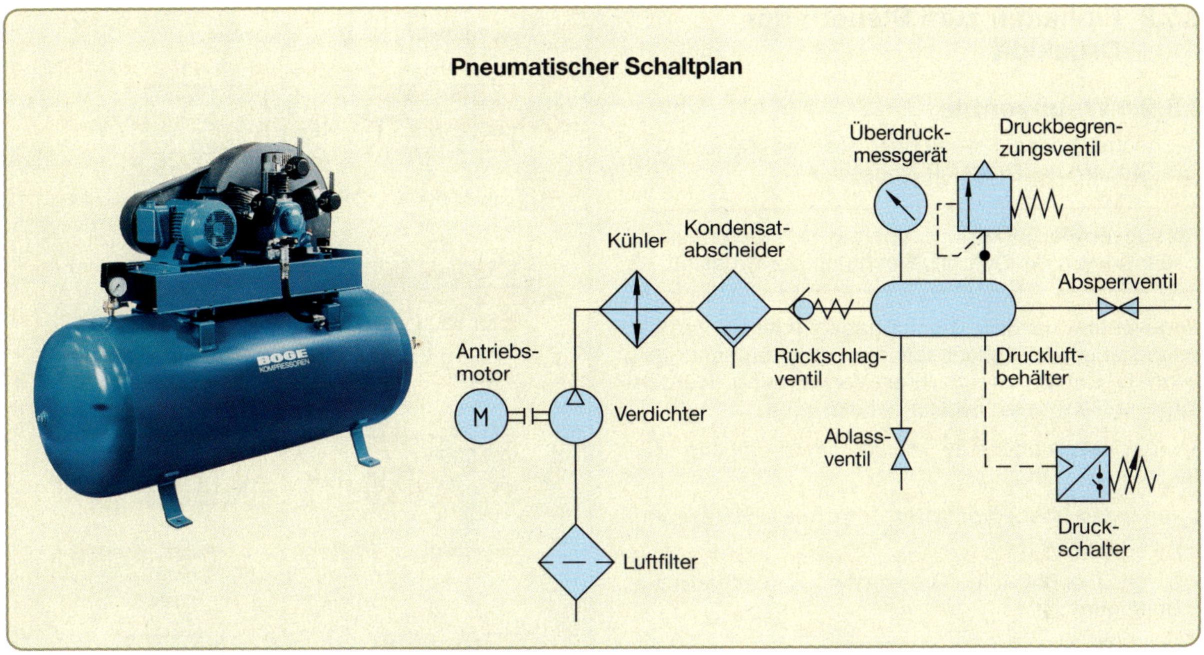

Abb. 2: Druckerzeugungsanlage

Ein Überdruckmessgerät zeigt den Druck im Behälter an. Über ein Ablassventil am Boden des Behälters kann Kon-denswasser abgelassen werden, das sich im Behälter sammelt. Ein Rückschlagventil verhindert, dass die Druckluft zurück zum Verdichter strömen kann.

In einem pneumatischen Schaltplan werden die Bauglieder einer Druckerzeugungsanlage mit genormten Symbolen nach DIN ISO 1219 (➡ *TAB*) dargestellt.

Aufbereitungseinheit

Die Aufbereitungseinheit wird im Druckluftnetz vor den pneumatischen Steuerungen eingebaut. Die Aufbereitungseinheit besteht aus Druckluftfilter, mit Abscheider und manueller Entwässerung, Druckreduzierventil und Druckluftöler (Abb. 3). Die Druckerzeugungsanlage als pneumatische Energiequelle kann durch ein vereinfachtes allgemeines Symbol dargestellt werden. Das vereinfachte Symbol besteht aus einem unausgefüllten Dreieck. Dessen Spitze zeigt in Richtung des Energieflusses.

Der **Druckluftfilter** reinigt die Druckluft von Kondenswasser, Staub- und Schmutzteilchen. Die Verunreinigungen sammeln sich am Behälterboden und können über ein Ablassventil abgelassen werden.

Das **Druckreduzierventil** hält den Arbeitsdruck in der nachgeordneten Steuerungsanlage konstant (vgl. Abschnitt 5.2.2).

Der **Druckluftöler** mischt der Druckluft feinzerstäubtes Öl bei. Dadurch wird an pneumatischen Bauteilen Abrieb und Korrosion vermindert.

In der Nahrungsmittelindustrie wird ölfreie Druckluft benötigt. Dort wird dann kein Öler eingebaut.

Die Aufbereitungseinheit kann im Schaltplan durch ein ausführliches oder ein vereinfachtes Symbol dargestellt werden (Abb. 4).

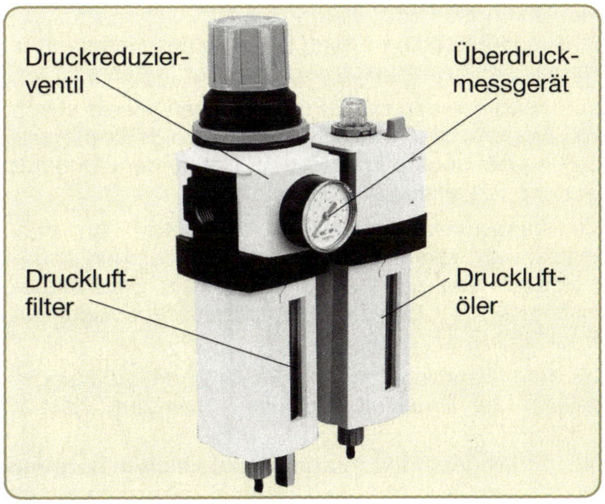

Abb. 3: Aufbereitungseinheit

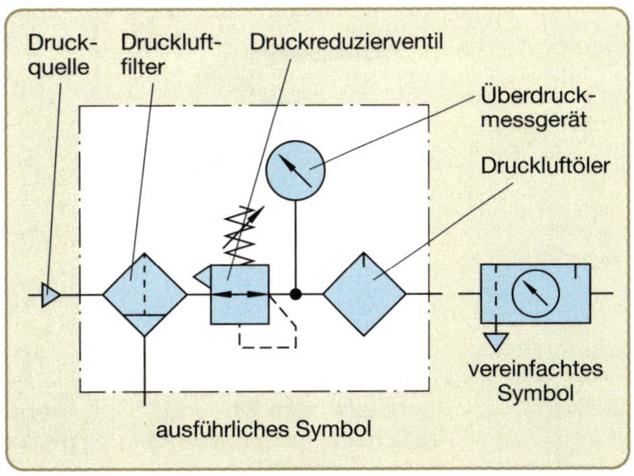

Abb. 4: Symbolische Darstellung einer Aufbereitungseinheit

2.5.2 Einheiten zum Steuern der Druckluft

2.5.2.1 Wegeventile

In pneumatischen Steuerungen werden Wegeventile zum Steuern der Druckluft eingesetzt.

Wegeventile öffnen und sperren den Durchfluss oder ändern die Durchflussrichtung der Druckluft.

Wegeventile werden als Eingabeglieder, Verarbeitungsglieder und Ausgabeglieder in Steuerungen verwendet. Entsprechend ihrer Verwendung werden Wegeventile unterschiedlich betätigt.

Bei der Druckluftpresse erfolgt die Betätigung der Wegeventile (Tab. 1):

- von Hand über Handtaster ⇒ manuelle Betätigung durch Muskelkraft,
- durch Zylinder über Grenztaster ⇒ mechanische Betätigung,
- durch Druckluft ⇒ Druckbetätigung.

Die Wegeventile in Abb. 1 haben zwei Schaltstellungen. Durch die Feder werden sie in Ausgangsstellung gehalten (unbetätigt). Durch Drücken des Handtasters werden sie in Arbeitsstellung gebracht (betätigt).

Im Symbol werden die Schaltstellungen jeweils durch ein Quadrat dargestellt. Ein Quadrat zeigt die Schaltstellung bei unbetätigtem Ventil. Das andere Quadrat zeigt die Schaltstellung bei Betätigung.

Die Wegeventile haben drei Anschlüsse. An zwei Anschlüssen (1 und 2) sind Druckluftleitungen angeschlossen. Der dritte Anschluss ist ein Entlüftungsanschluss (3). Über diesen Anschluss entweicht die Druckluft.

Bei dem Wegeventil in Abb. 1a ist in der Ausgangsstellung der Druckluftanschluss 1 gesperrt. Es hat Sperrruhestellung. Der Strömungsweg zur Entlüftung von 2 nach 3 ist geöffnet. Bei Betätigung des Ventils ist der Weg von 1 nach 2 geöffnet. Der Entlüftungsanschluss ist nun gesperrt.

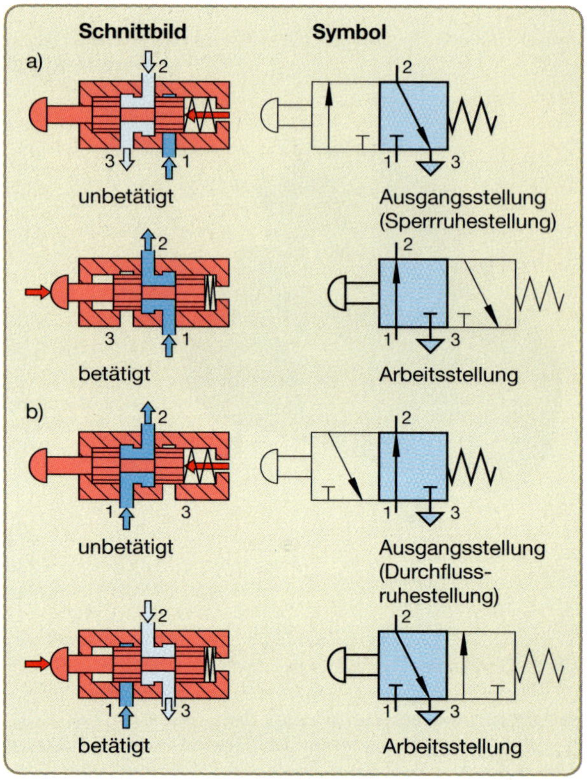

Abb. 1: Funktionsweise von Wegeventilen

Das Wegeventil in Abb. 1b lässt in der Ausgangsstellung die Druckluft von 1 nach 2 durch. Es hat Durchflussruhestellung. Der Strömungsweg zur Entlüftung ist abgesperrt. Bei Betätigung des Ventils ist der Druckluftanschluss 1 gesperrt. Der Weg zur Entlüftung von 2 nach 3 ist geöffnet.

Tab. 1: Wegeventile mit unterschiedlicher Betätigungsart

Benennung	3/2-Wegeventil mit Druckknopf	3/2-Wegeventil mit Rollenhebel	5/2Wegeventil mit Druckbetätigung
Bauteil			
Symbol	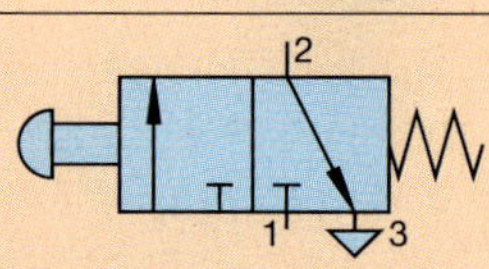	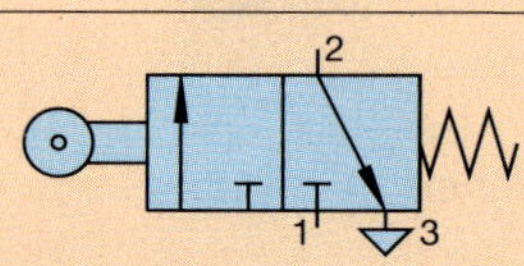	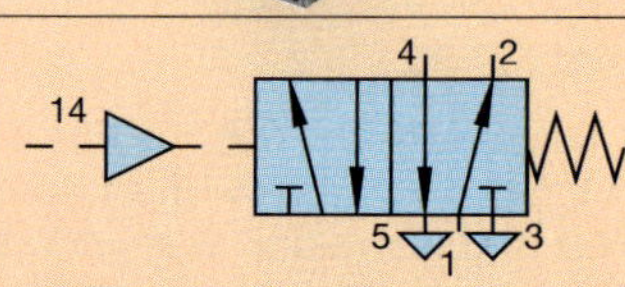
Verwendungsbeispiele	Handtaster zum Ein- und Ausschalten einer pneumatischen Anlage	Grenztaster zum Ermitteln der Stellung von Anlagenteilen wie Zylinder oder Schutzgitter	Stellglied zum Steuern des Druckluftstroms für doppeltwirkende Zylinder

Die Leitungsanschlüsse werden beim Symbol nur an das Quadrat gezogen, das die Schaltstellung im unbetätigten Zustand darstellt. Für diese Schaltstellung lassen sich die geöffneten und abgesperrten Strömungswege leicht ersehen.

Um die Strömungswege für den betätigten Zustand zu erfassen, muss man sich das Quadrat soweit verschoben vorstellen, bis sich die Leitungsanschlüsse mit den Strömungswegen des entsprechenden Feldes decken.

Aus dem Symbol (➡ *TAB*) für Wegeventile kann man

- die Anzahl der Schaltstellungen,
- die Strömungswege der Druckluft,
- die Art der Betätigung und
- Anschlusskennzeichnung

ersehen (Abb. 2).

Die **Anzahl der Schaltstellungen** wird durch die Anzahl der nebeneinander liegenden quadratischen Kästchen angegeben.

Anschlüsse für die Leitungen sind nur an ein Quadrat gezeichnet. Es kennzeichnet die Schaltstellung bei unbetätigtem Ventil. Diese Schaltstellung nennt man Ruhestellung oder Ausgangsstellung.

Das Quadrat ohne Leitungsanschlüsse stellt die Schaltstellung bei betätigtem Ventil dar. Diese Schaltstellung nennt man Arbeitsstellung.

Die **Strömungswege der Druckluft** werden für jede Schaltstellung in das entsprechende Quadrat eingetragen. Die Strömungsrichtung ist durch Pfeile gekennzeichnet. Abgesperrte Wege sind durch einen Querstrich dargestellt.

Die **Art der Betätigung** ist seitlich rechts und links an die Quadrate angetragen. Die Betätigungsart gibt an, wie die jeweilige Schaltstellung erreicht wird.

Die **Anschlusskennzeichnung** erfolgt durch Ziffern oder Buchstaben (Tab. 2). Die gleiche Kennzeichnung findet sich auf den Bauteilen. Die Kennzeichnung durch Ziffern wird zunehmend verwendet. Auf älteren Bauteilen findet man noch die Anschlusskennzeichnung durch Buchstaben.

Tab. 2: Kennzeichnung von Anschlüssen

Anschlussarten	Bezeichnung der Anschlüsse durch	
	Ziffern	Buchstaben
Arbeits- bzw. Ausgangsleitungen	2, 4, 6	A, B, C
Druckluft-anschluss	1	P
Abfluss, Entlüftung	3, 5, 7	R, S, T
Steuerleitungen	10, 12, 14	X, Y, Z

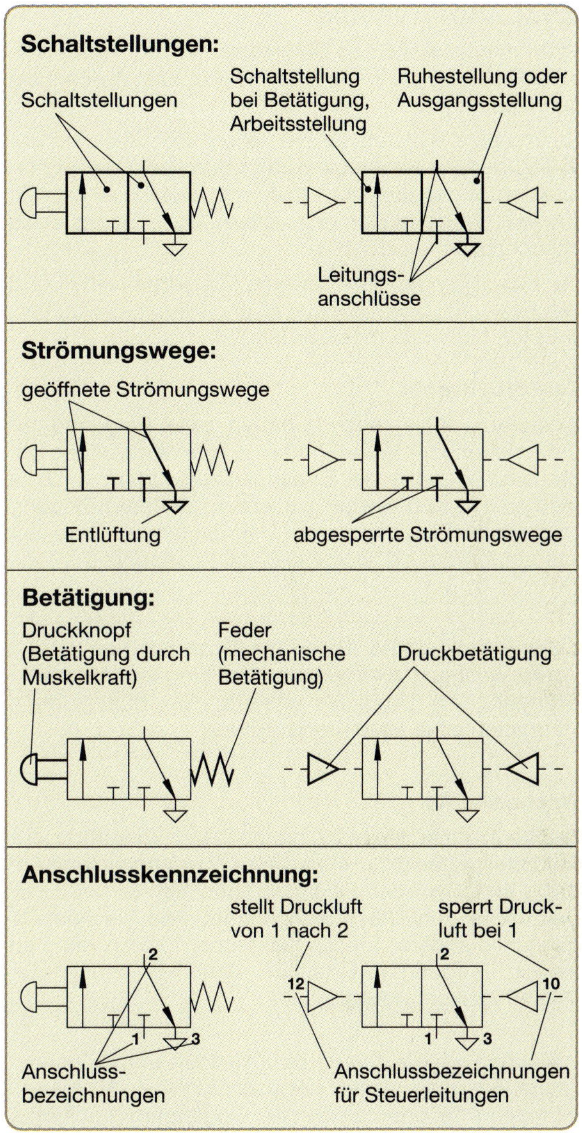

Abb. 2: Symbolaufbau

Die **Bezeichnung** der Wegeventile erfolgt nach der Anzahl der Leitungsanschlüsse und der Anzahl der Schaltstellungen.

Beispiel:

3/2-Wegeventil

3 Anschlüsse

2 Schaltstellungen

Die Steuerleitungsanschlüsse werden dabei nicht als Anschlüsse mitgezählt. Sie sind mit zweistelligen Zahlen gekennzeichnet.

Dabei bedeutet:

Druckluft am Anschluss 12 ⇒ Strömungsweg von 1 nach 2 wird geöffnet.

2.5.2.2 Sperrventile

Sperrventile lassen den Durchfluss der Druckluft nur in einer Richtung zu. In der anderen Richtung sperren sie den Durchfluss.

Sperrventile werden nur mit einem Rechteck dargestellt. In dem Rechteck wird symbolisch die Ventilfunktion angegeben. Die Leitungsanschlüsse werden wie bei Wegeventilen mit Ziffern oder Buchstaben gekennzeichnet (→ *TAB*).

Zu den Sperrventilen gehören Zweidruckventil und Wechselventil. Zweidruckventil und Wechselventil verknüpfen Luftwege miteinander.

Zweidruckventil

Zweidruckventile (Abb. 1) haben zwei Eingänge für Steuerleitungen (12, 14) und eine Ausgangsleitung (2). Steht nur an einem der Eingänge Druckluft an, wird die Verbindung zum Ausgang und zum anderen Eingang abgesperrt. Erst wenn an beiden Eingängen Druckluft ansteht, erfolgt der Durchfluss zum Ausgang.

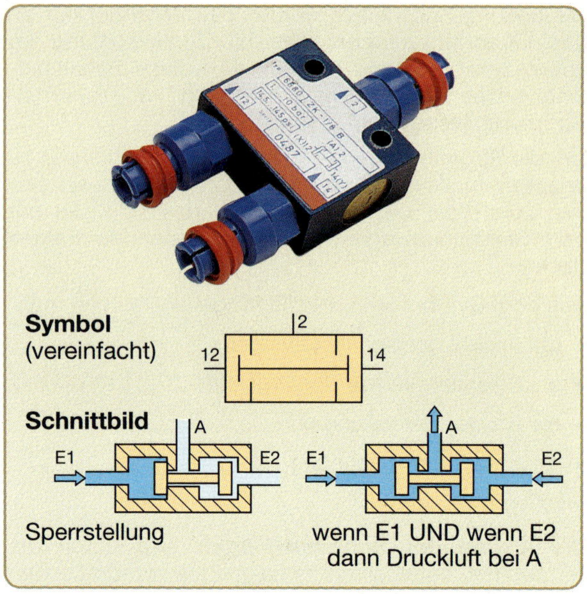

Abb. 1: Zweidruckventil

Zweidruckventile führen die Druckluft nur dann zum Ausgang weiter, wenn an Eingang 12 **und** Eingang 14 Druckluft ansteht. Sie haben die Funktion einer **UND-Verknüpfung**.

Wechselventil

Wechselventile (Abb. 2) haben zwei Eingänge für Steuerleitungen (12, 14) und eine Ausgangsleitung (2). Steht an einem der Eingänge Druckluft an, wird der Durchfluss zum Ausgang geöffnet und die Verbindung zum anderen Eingang abgesperrt. Auch wenn an beiden Eingängen Druckluft ansteht, erfolgt der Durchfluss zum Ausgang.

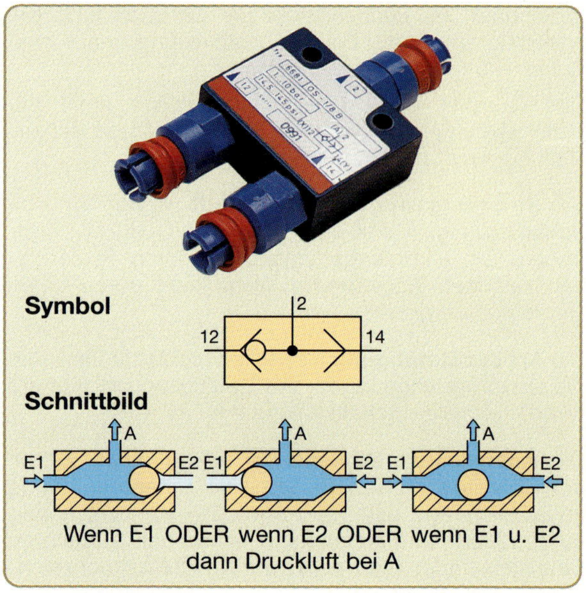

Abb. 2: Wechselventil

Wechselventile führen die Druckluft immer dann zum Ausgang weiter, wenn an Eingang 12 **oder** Eingang 14 **oder** an beiden Eingängen Druckluft ansteht. Sie haben die Funktion einer **ODER-Verknüpfung**.

2.5.3 Antriebseinheiten

Antriebseinheiten bewegen Vorrichtungen (z. B. Rundschalttische) und verrichten dabei Arbeit (z. B. Einpressen von Buchsen). Durch Antriebseinheiten wird die Energie der Druckluft in geradlinige oder drehende Bewegung und Kraft umgewandelt.

Antriebseinheiten wandeln die Energie der Druckluft in mechanische Energie um.

Druckluftzylinder

Druckluftzylinder (Abb. 3) führen geradlinige Bewegungen aus. Nach der Funktion unterscheidet man einfachwirkende Zylinder und doppeltwirkende Zylinder (Abb. 4).

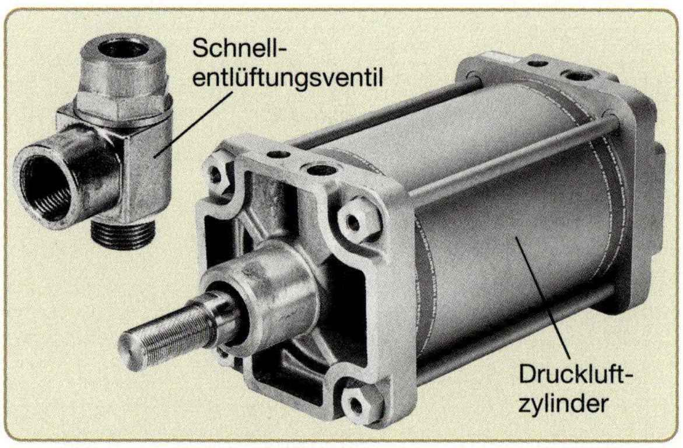

Abb. 3: Druckluftzylinder

Bei **einfachwirkenden Zylindern** drückt die Druckluft den Kolben nur in eine Richtung. Dabei wird die Feder zusammengedrückt (Abb. 4 a). Sobald die Druckluft aus dem Zylinder entweicht, schiebt die eingebaute Feder den Kolben in seine Ausgangsstellung zurück.

Einfachwirkende Zylinder haben nur einen Leitungsanschluss. Über diese Leitung wird je nach Bewegungsrichtung die Druckluft zum Zylinder geführt oder als Abluft aus dem Zylinder abgeführt.

Bei **doppeltwirkenden Zylindern** wird der Kolben in beide Richtungen durch Druckluft bewegt (Abb. 4 b). Sie haben zwei Leitungsanschlüsse. Über die Leitungen wird je nach Bewegungsrichtung die Druckluft zum Zylinder geführt oder als Abluft aus dem Zylinder abgeführt.

Die Leitungsanschlüsse an Zylindern werden nicht mit Nummern gekennzeichnet.

Elemente zur Geschwindigkeitssteuerung

Die Geschwindigkeit der Kolbenbewegung muss häufig einstellbar sein. Dazu können Schnellentlüftungsventile und Drosselrückschlagventile eingesetzt werden. Sie werden meistens direkt an die Zylinder angebaut (Abb. 3).

Drosselrückschlagventile (Abb. 5) werden in einer Richtung frei durchströmt. Der Durchfluss in die andere Richtung wird gedrosselt. Der Drosselspalt kann mit der Stellschraube eingestellt werden.

Strömt die Druckluft von 1 nach 2, wird die Kugel durch die Feder gegen ihren Sitz gedrückt. Der Luftweg wird geschlossen. Die Luft muss durch den verengten Drosselspalt strömen. Die Kolbengeschwindigkeit wird verringert.

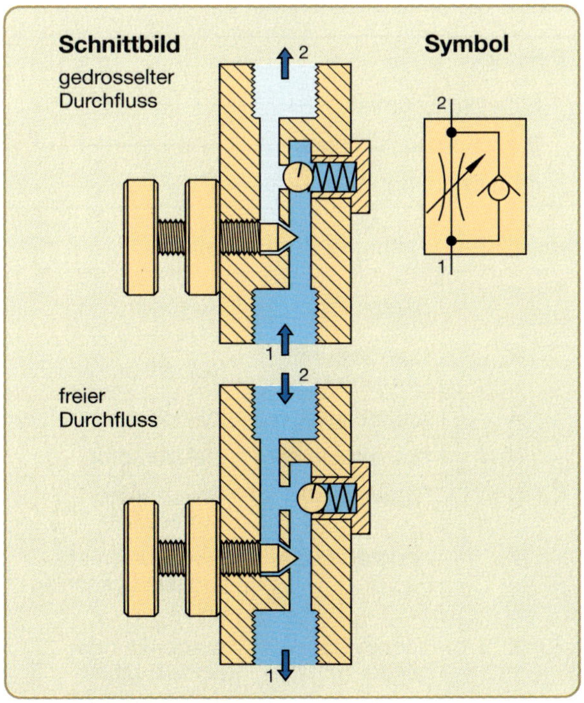

Abb. 5: Drosselrückschlagventil

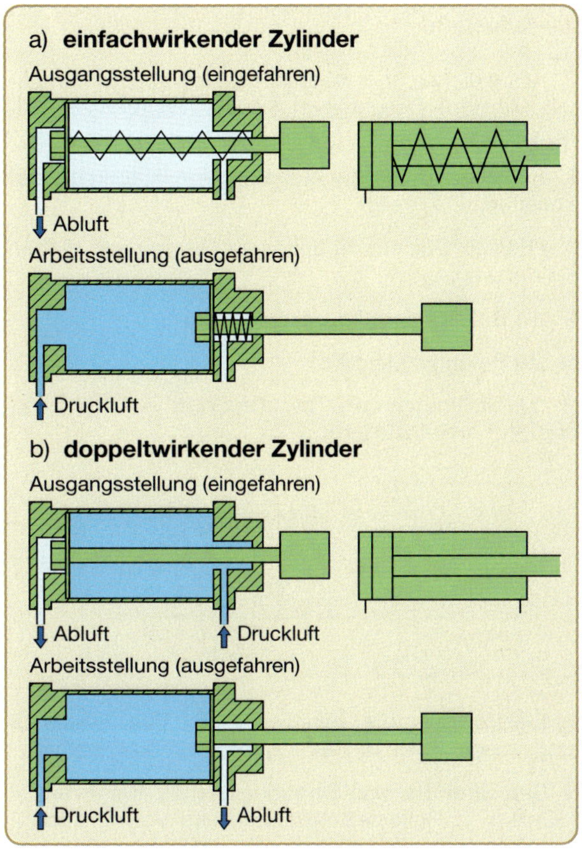

Abb. 4: Funktionsweise von Druckluftzylindern

Strömt die Druckluft von 2 nach 1, wird die Kugel durch die Druckluft gegen die Feder gedrückt. Der Luftweg wird geöffnet. Die Druckluft kann ungedrosselt zum Zylinder strömen. Die Kolbengeschwindigkeit wird nicht beeinflusst.

Schnellentlüftungsventile (Abb. 6) leiten beim Rückhub die aus dem Zylinder strömende Abluft direkt ins Freie. Da die Abluft nicht über Leitungen abgeführt wird, kann sie schneller entweichen. Der Kolben bewegt sich dadurch schneller zurück.

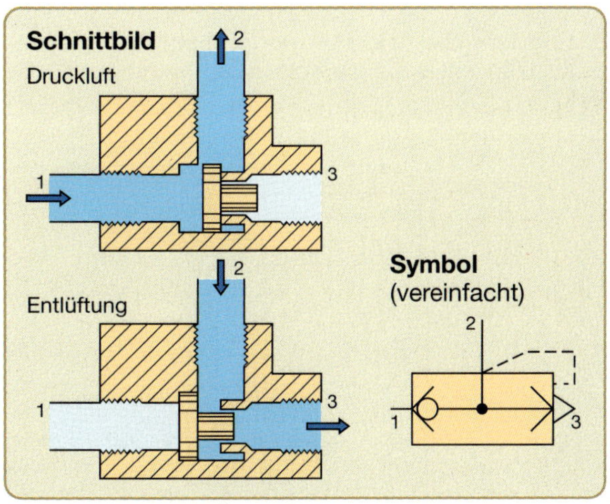

Abb. 6: Schnellentlüftungsventil

Aufgaben

1. Aus welchen Teilsystemen besteht eine pneumatische Anlage? Beschreiben Sie die Aufgabe der Teilsysteme.

2. Beschreiben Sie die Aufgaben von Aufbereitungseinheiten.

3. Erklären Sie das abgebildete Wegeventil. Geben Sie dazu an:

a) die Bezeichnung des Wegeventils,

b) die Betätigungsarten,

c) die Strömungswege der Druckluft bei Ruhestellung und Arbeitsstellung.

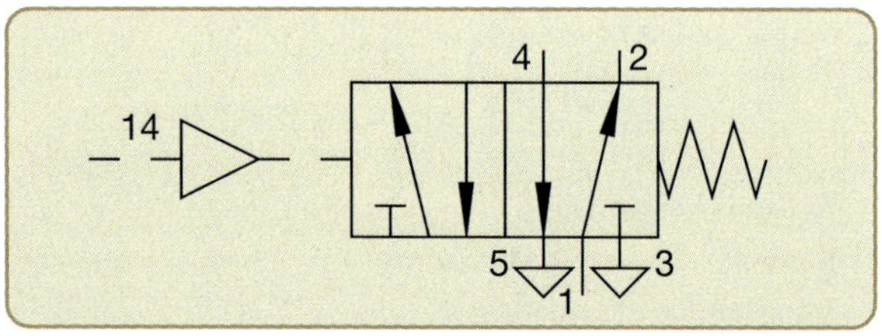

4. Erklären Sie die Kennzeichnung des Steuerleitungsanschlusses 14 des abgebildeten Wegeventils.

5. Skizzieren Sie das Symbol eines 3/2-Wegeventils, bei dem in Ruhestellung Durchfluss von 1 nach 2 gegeben ist und das durch eine Leerrücklaufrolle betätigt und durch eine Feder zurückgestellt wird.

6. Erläutern Sie die Signalverknüpfung mit

a) Zweidruckventilen,

b) Wechselventilen.

7. Beschreiben Sie den Unterschied im Aufbau und in der Wirkungsweise von einfach wirkenden und doppelt wirkenden Zylindern.

8. Geben Sie die Elemente an, durch die die Kolbengeschwindigkeit eines Zylinders beeinflusst werden kann.

9. Erläutern Sie, wie sich der Einbau des Drosselrückschlagventils auf die Kolbengeschwindigkeit auswirkt.

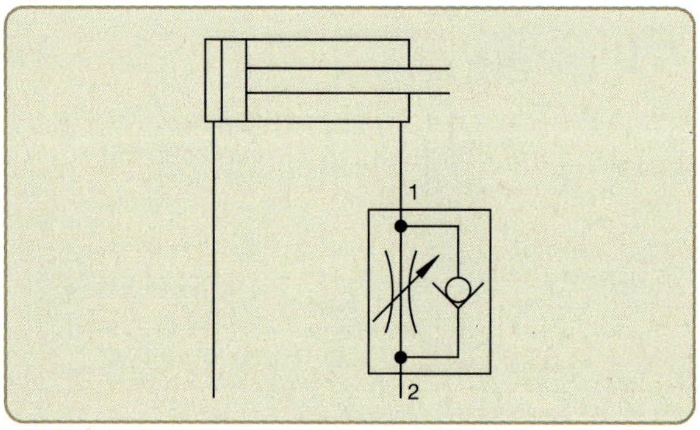

2.5.4 Pneumatische Schaltpläne

Die Bauglieder einer pneumatischen Steuerung werden in Schaltplänen mit genormten Symbolen dargestellt.

Pneumatische Schaltpläne stellen die Funktionsweise von pneumatischen Steuerungen dar. Sie geben nicht die tatsächliche räumliche Anordnung der Bauglieder an.

Gliederung pneumatischer Schaltpläne

Pneumatische Schaltpläne werden in einzelne Schaltkreise aufgeteilt (Abb. 1 und 2). Ein **Schaltkreis** umfasst alle Bauglieder zur Steuerung eines Antriebsgliedes, z. B. eines Zylinders. Die einzelnen Bauglieder eines Schaltkreises sind entsprechend dem Signalfluss und dem Energiefluss von unten nach oben angeordnet.

Mehrere Schaltkreise werden in der Reihenfolge des Steuerungsablaufs von links nach rechts nebeneinander angeordnet.

Darstellung und Kennzeichnung der Bauglieder

Die Zylinder und Ventile sollen möglichst waagerecht dargestellt werden. Sie sind dabei in Ausgangsstellung zu zeichnen. Diese Schaltstellung ergibt sich nach dem Einschalten der Anlage, aber vor Betätigung der Starttaster.

Jedes Bauglied erhält eine Kennzeichnung, die mit einem Rahmen versehen sein soll. Die Kennzeichnung besteht aus der Schaltkreisnummer, der Bezeichnung der Bauteilart (vgl. Tab. 1) und einer fortlaufenden mit 1 beginnenden Bauteilnummer. Elemente der Energieversorgung, z. B. Aufbereitungseinheiten, erhalten die Schaltkreisnummer 0.

Beispiel: **2 S 1**

Schaltkreisnummer ——— 2
Bauteil-Kennzeichnung ——— S
Bauteilnummer ——— 1

Tab. 1: Kennzeichnung der Bauteilart

Kennbuchstabe	Bauteilart	Beispiele
P	Pumpen und Verdichter	Kolbenkompressor
A	Antriebsglieder	Zylinder
M	Antriebsmotoren	Elektromotor
S	Signalglieder	Grenztaster, Start-Taster
V	andere Ventile	Zweidruckventil, Drosselrückschlagventil
Z	andere Bauglieder	Aufbereitungseinheit, Manometer, Behälter

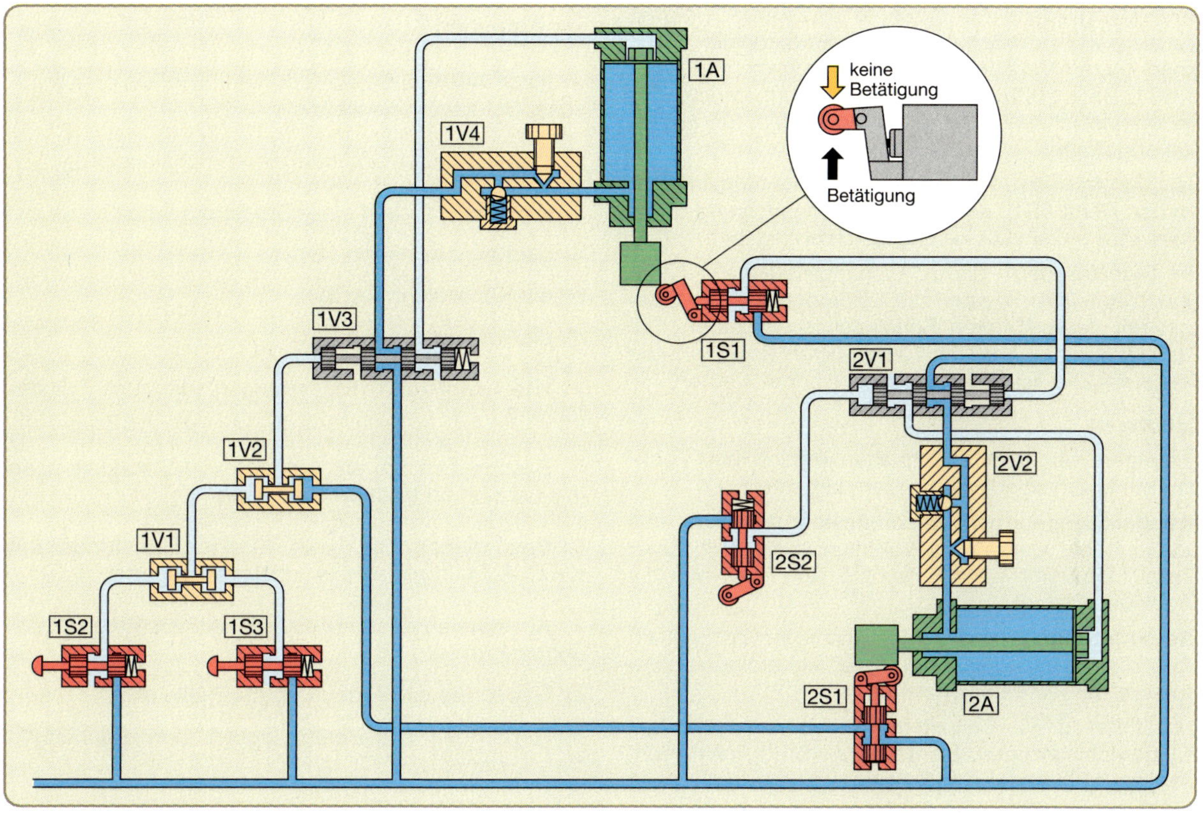

Abb. 1: Schnittschaltplan der pneumatischen Presse

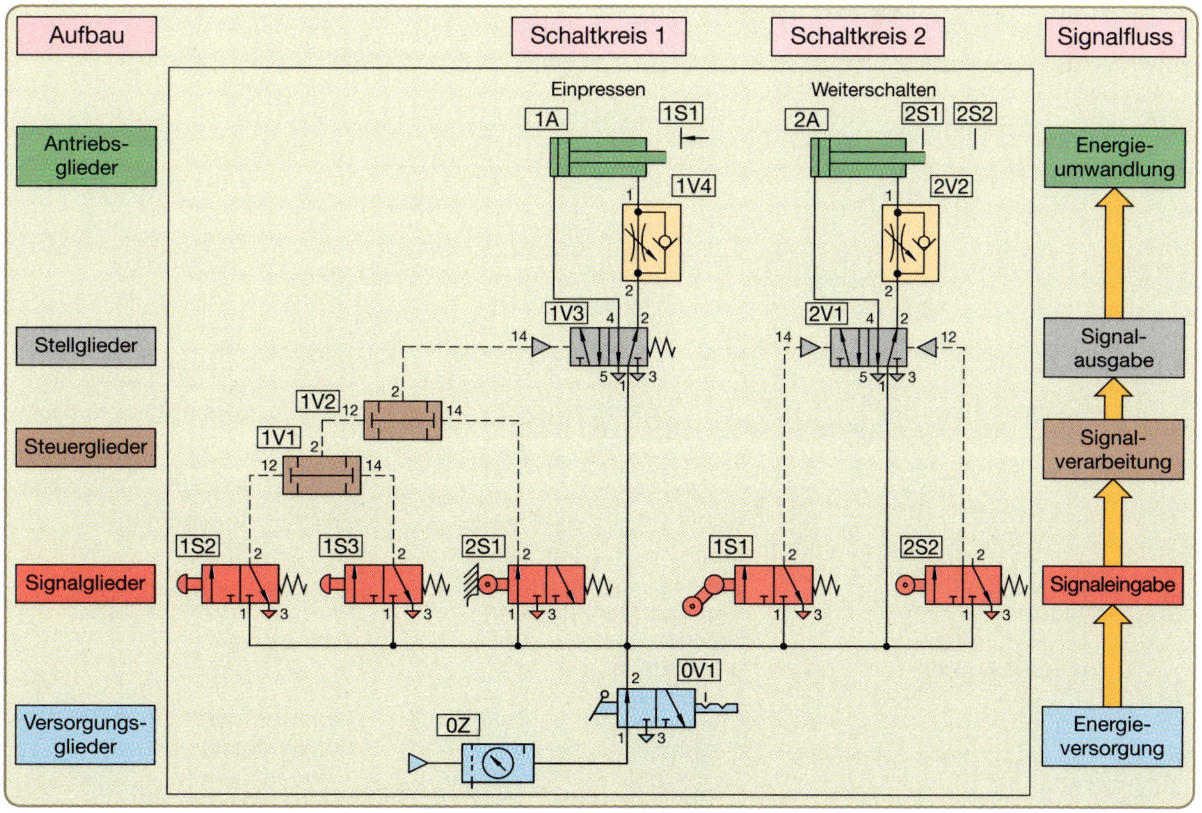

Abb. 2: Schaltplan der pneumatischen Presse

Bei Signalgliedern, die durch einen Zylinder betätigt werden, wird im Schaltplan die Einbaustelle durch einen kurzen Markierungsstrich gekennzeichnet (Ventil 1S1, 2S1, 2S2). An diesen Markierungsstrich wird die Kennzeichnung des entsprechenden Signalgliedes angetragen.

Bei Signalgliedern, die nur in einer Richtung betätigt werden (Ventil 1S1), wird die Betätigungsrichtung durch einen Pfeil (→) am Markierungsstrich angegeben.

Bei Signalgliedern, die in Ausgangsstellung betätigt sind (Ventil 2S1), werden die Leitungen an das Quadrat mit der betätigten Schaltstellung gezogen. Die Betätigung kann am Ventil durch einen angedeuteten Steuernocken besonders gekennzeichnet werden.

Leitungen

Leitungen werden in Schaltplänen je nach ihrer Funktion mit unterschiedlichen Linien dargestellt.

Arbeitsleitungen und **Anschlussleitungen** an das Druckluftnetz werden mit Volllinien dargestellt. Über diese Leitungen werden Ventile und Zylinder mit Druckluft versorgt.

Steuerleitungen werden mit Strichlinien dargestellt. Über diese Leitungen werden die Steuersignale zum Umschalten der Ventile geleitet.

Die Linien für die Leitungen werden senkrecht und waagerecht gezogen. Sie sollen sich möglichst nicht kreuzen. **Leitungsverbindungen** werden durch einen Punkt gekennzeichnet.

Die Einheiten zur Energieversorgung werden in pneumatischen Schaltplänen meist nicht dargestellt. Die **Druckquelle** wird durch ein unausgefülltes Dreieck symbolisiert.

Aufgaben

1. Nach welchen Gesichtspunkten wird ein pneumatischer Schaltplan gegliedert?

2. Was versteht man unter einem Schaltkreis?

3. Welches Bauglied einer Steuerung erhält

a) die Kennzeichnung 1S1,

b) die Kennzeichnung 2V1,

c) die Kennzeichnung 0V1?

4. Wie nennt man die Leitungen, die zum Zylinder führen?

5. Beschreiben Sie die Aufgabe von Steuerleitungen in einer pneumatischen Steuerung.

6. Beschreiben Sie, was Markierungsstriche mit Kennzeichnung in einem Schaltplan angeben.

7. An Markierungsstrichen können zusätzlich Pfeile angetragen sein.

a) Geben Sie die Bedeutung der Pfeile an.

b) Geben Sie die Betätigungsart der zugehörigen Bauglieder an.

8. In welcher Schaltstellung werden die Bauglieder in einem Schaltplan üblicherweise dargestellt?

9. Woran erkennt man im Schaltplan, dass ein Signalglied in Ausgangsstellung betätigt ist?

Zusammenfassung

Pneumatische Steuerungen

Gesamtsystem, bei dem Druckluft als Energieform zum Steuern und Antreiben von Anlagen eingesetzt wird

Druckluftbereitstellung

Teilsystem, das den Steuerteil und Arbeitsteil mit aufbereiteter Druckluft versorgt

Einheiten zur Energieversorgung:
- Druckerzeugungsanlage
- Aufbereitungseinheit

Steuerteil

Teilsystem, das den Arbeitsvorgang steuert; steuerndes Teilsystem

Einheiten zur Signaleingabe, Signalverarbeitung und Signalausgabe:
- Signalglieder
  - Wegeventile
- Steuerglieder
  - Wechselventile
  - Zweidruckventile
  - Wegeventile

Arbeitsteil

Teilsystem, das den Arbeitsvorgang ausführt; gesteuertes Teilsystem

Einheiten zum Stellen des Energie- und Stoffflusses:
- Stellglieder
  - Wegeventile

Einheiten zur Energieumwandlung:
- Antriebsglieder
  - Zylinder

Gesamtaufgabe

Untersuchen Sie die Funktionsweise der pneumatischen Presse mit Rundschalttisch anhand des pneumatischen Schaltplans.

1. Erstellen Sie eine Liste mit den verwendeten Bauteilen.

2. Untersuchen Sie die Startbedingungen der Presse. Stellen Sie dazu

a) den Funktionsplan und

b) die Funktionstabelle auf.

3. Beschreiben Sie die Aufgabe des Ventils 2S1. Erläutern Sie, weshalb das Ventil in einer anderen Schaltstellung gezeichnet ist als alle anderen Signalglieder.

4. Beschreiben Sie die Aufgabe der Drosselrückschlagventile in der Schaltung.

5. Wie ändert sich der Steuerungsablauf, wenn die Anschlüsse von Ventil 1V4 vertauscht werden, so dass Anschluss 1 mit dem Ventil 1V3 und Anschluss 2 mit dem Zylinder 1A verbunden sind?

6. Welche Aufgabe hat das Ventil 1S1? Warum wurde zur Betätigung eine Leerrücklaufrolle eingebaut?

7. Es wurde anstelle des Ventils mit Leerrücklaufrolle ein Ventil mit Rollenhebel eingebaut. Wie ändert sich dadurch der Steuerungsablauf?

8. Durch einen Grenztaster mit Leerrücklaufrolle kann nicht die genaue Endlage des Zylinders abgetastet werden. Darum soll ein Grenztaster mit Rollenhebel eingebaut werden. Zur Signalabschaltung muss ein Zeitglied eingebaut werden.

a) Aus welchen Baugliedern besteht ein Zeitglied?

b) Beschreiben Sie die Funktionsweise des Zeitgliedes.

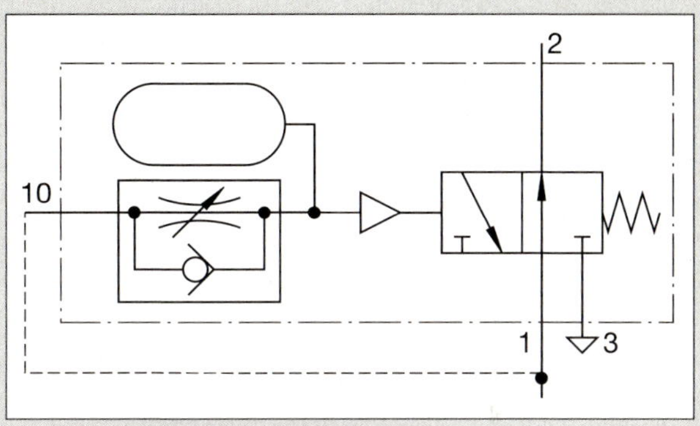

c) Skizzieren Sie den Schaltkreis 2 der pneumatischen Presse mit eingebautem Rollenhebelventil und Zeitglied.

9. Beschreiben Sie die Funktionsweise der beiden Stellglieder. Warum wurde für das Stellglied 1V3 ein Ventil mit Federrückstellung gewählt?

10. Stellen Sie den Steuerungsablauf der Presse im Zustandsdiagramm dar. Skizzieren Sie dabei die Funktionslinien der beiden Zylinder und der Stellglieder. Tragen Sie auch die Signallinien in das Diagramm ein.

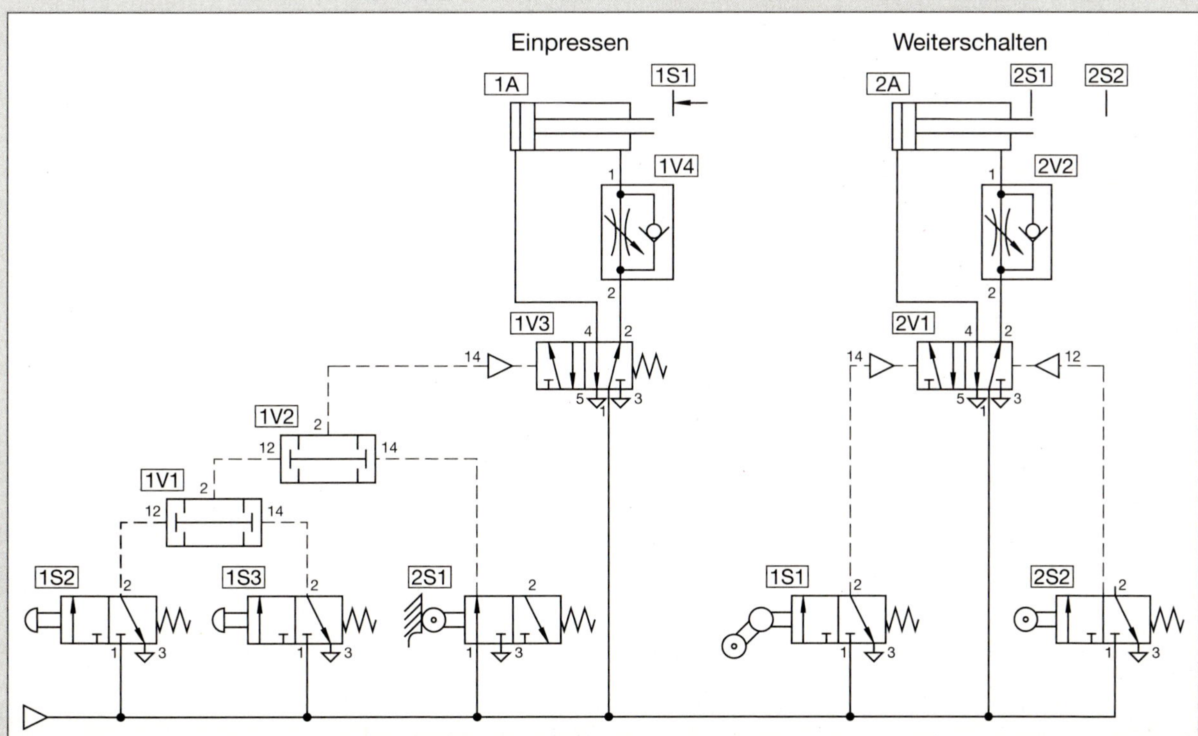

2.6 Elektrische Steuerungen

Maschinen und Anlagen werden auch durch elektrische Energie gesteuert. Elektrische Bauteile übertragen und verarbeiten die Steuersignale.

> In **elektrischen Steuerungen** werden die Steuersignale durch elektrische Energie übertragen.

Die Druckluftpresse kann mit einer elektrischen Steuerung betrieben werden (Abb. 1). Die Signaleingabe erfolgt über elektrische Schalter. Relais verarbeiten die Signale und geben die Steuersignale an elektromagnetisch betätigte Wegeventile weiter. Die Wegeventile steuern die Druckluft zu den Zylindern.

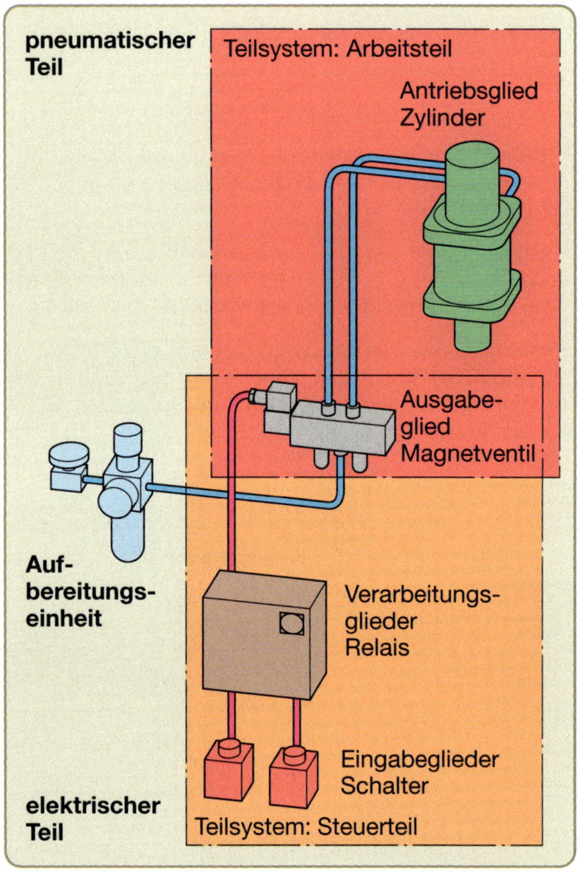

Abb. 1: Aufbau einer elektropneumatischen Steuerung

Solche Steuerungen, die sowohl mit elektrischen Bauteilen als auch mit pneumatischen Bauteilen aufgebaut werden, bezeichnet man als **elektropneumatische Steuerungen**.

Im **Steuerteil** werden die Signale durch **elektrische Energie** übertragen und verarbeitet. Im **Arbeitsteil** werden die Antriebsglieder durch **pneumatische Energie** angetrieben.

Die elektromagnetisch betätigten Wegeventile bilden die Schnittstelle zwischen dem elektrischen Teil der Steuerung und dem pneumatischen Teil der Steuerung.

2.6.1 Einheiten elektrischer Steuerungen

Elektrische Baueinheiten bezeichnet man als Betriebsmittel. Sie werden in Schaltplänen durch Schaltzeichen nach DIN 40 900 dargestellt (➡*TAB*). Die Schaltzeichen kennzeichnen die Funktionsweise der Betriebsmittel.

2.6.1.1 Schalter

In der elektrischen Steuerung der Presse werden die Signale durch Schalter eingegeben.

Schalter haben Schaltkontakte, die Stromkreise schließen oder unterbrechen (Abb. 2). **Schaltkontakte** können ausgeführt sein als:

- **Schließer**, die bei Betätigen einen Stromkreis schließen,
- **Öffner**, die bei Betätigen einen Stromkreis unterbrechen,
- **Wechsler**, die sowohl einen Schließer als auch einen Öffnerkontakt haben. Sie unterbrechen bei Betätigen einen Stromkreis und schließen gleichzeitig einen anderen.

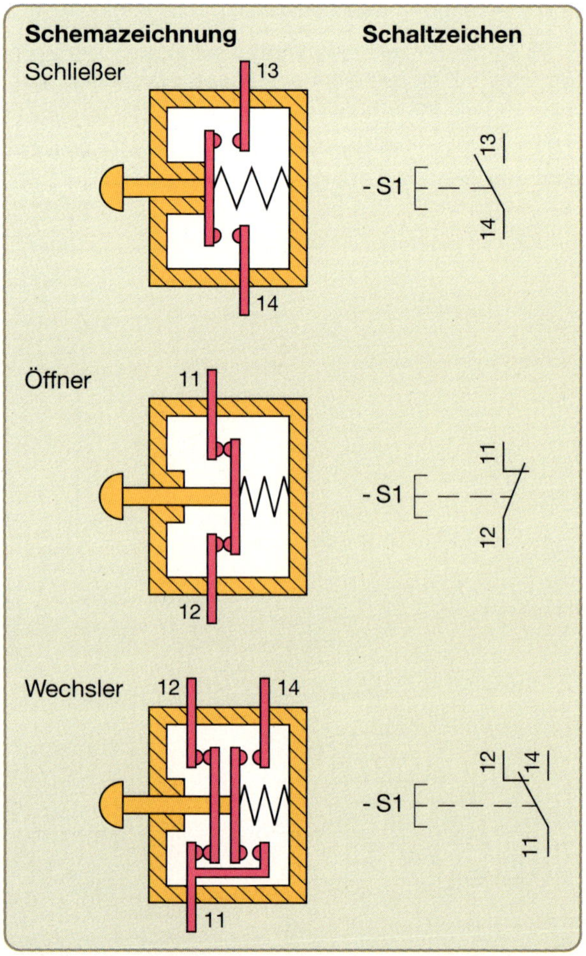

Abb. 2: Schaltkontakte

Schalter können von Hand (manuell) oder durch Baueinheiten von Maschinen und Anlagen (mechanisch) betätigt werden (Tab. 1).

Bei **manuell betätigten Schaltern** unterscheidet man Tastschalter und Stellschalter.

Tastschalter kehren nach Betätigung selbsttätig in ihre Ausgangsstellung zurück. Dies bewirkt eine Feder, die beim Betätigen des Tastschalters gespannt wird.

Stellschalter bleiben in der Schaltstellung, in die sie bei Betätigung gebracht werden. Stellschalter sind häufig Kippschalter oder Drehschalter.

Mechanisch betätigte Schalter sind **Grenztaster** oder **Endschalter**. Sie tasten die Lage beweglicher Teile ab (z. B. Kolbenstellung eines Pneumatikzylinders).

Schaltzeichen

Die Schaltzeichen für Schalter bestehen aus dem Zeichen für die Schaltkontakte, an dem seitlich das Zeichen für die Art der Betätigung, z. B. Drehschalter, angetragen wird (Abb. 3). Mechanische Verbindungen werden durch gestrichelte Linien dargestellt. An der Verbindung wird das Einrasten der Stellschalter besonders gekennzeichnet.

Betriebsmittelkennzeichnung

Alle Betriebsmittel werden zur eindeutigen Identifizierung gekennzeichnet. Die Kennzeichnung erfolgt nach DIN 40719 Teil 2 (➡ *TAB*).

Die Art des Betriebsmittels wird mit einem Kennbuchstaben angegeben (Tab. 2). Dem Buchstaben wird eine Zählnummer angehängt. Jede Betriebsmittelart erhält eine fortlaufende, mit eins beginnende Zählnummer. Vor dem Kennbuchstaben kann ein Bindestrich als Vorzeichen gesetzt werden.

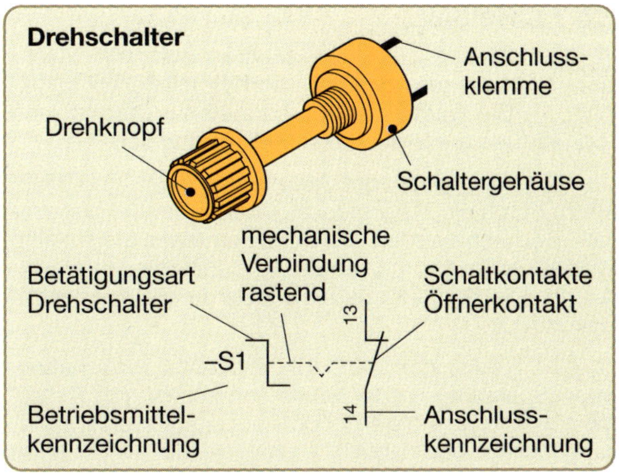

Abb. 3: Schaltzeichenaufbau eines Schalters

Tab. 2: Kennbuchstaben für Betriebsmittel

Kennbuchstaben	Art des Betriebsmittels	Beispiele
F	Schutzeinrichtung	Sicherungen
K	Relais	Zeitrelais
S	Schalter	Tastschalter, Endschalter
Y	elektrisch betätigte mechanische Einrichtung	Magnetventile

Beispiel: **- S 1**

Vorzeichen — -
Betriebsmittelart — S
Zählnummer — 1

Tab. 1: Schalter mit unterschiedlicher Betätigungsart

Benennung	Handbetätigter Tastschalter mit Schließerkontakten	Handbetätigter rastender Stellschalter mit Öffnerkontakten	Rollenbetätigter Taster mit Schließerkontakten
Bauteile			
Schaltzeichen	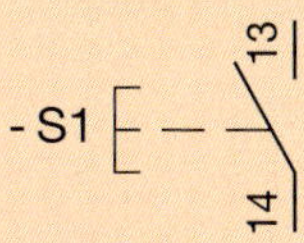	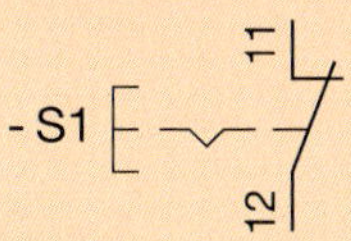	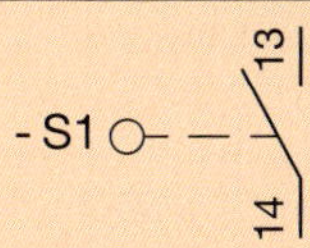
Verwendungsbeispiel	**EIN-Taster** zum Starten einer Anlage	**NOT-AUS-Schalter** zum Energielosschalten einer Anlage	**Grenztaster** zum Ermitteln der Stellung von Anlagenteilen wie Zylinder und Schutzgitter

2.6.1.2 Relais

Relais bestehen aus einer Magnetspule mit Eisenkern und mehreren Öffner- und Schließerkontakten (Abb. 1). Sie werden elektromagnetisch betätigt und können mehrere Stromkreise gleichzeitig schalten.

Liegt Spannung an der Magnetspule an und fließt Strom durch die Magnetspule, wird der Anker angezogen. Dadurch werden die Schaltkontakte gleichzeitig geschaltet. Im stromlosen Zustand fällt der Anker wieder ab. Die Kontakte gehen wieder in die Ausgangslage zurück.

Es gibt Relais, die sofort die Kontakte umschalten, wenn Spannung an der Spule anliegt. Es gibt Relais, die zeitverzögert die Kontakte schalten, wenn Spannung anliegt oder abfällt. Relais mit dieser Funktion nennt man Zeitrelais.

Bei den **Zeitrelais** unterscheidet man:

- **Relais mit Anzugsverzögerung**, bei denen die Kontakte zeitverzögert zum Einschalten des Relais umschalten und
- **Relais mit Abfallverzögerung**, bei denen die Kontakte zeitverzögert zum Abschalten des Relais abfallen.

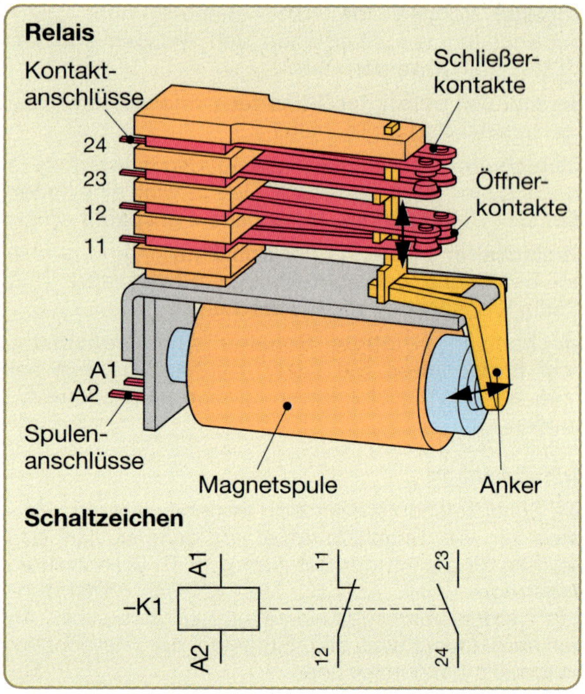

Abb. 1: Relaisaufbau

Schaltzeichen

Das Schaltzeichen für Relais besteht aus den Zeichen für die Magnetspule, die Schaltkontakte und die mechanische Verbindung (Anker) zwischen ihnen (Abb. 2). Das Zeichen für die Magnetspule besteht aus einem Rechteck. An das Rechteck werden die Spulenanschlüsse als senkrechte Striche gezeichnet.

Die Schaltzeichen von Zeitrelais werden besonders gekennzeichnet. An dem Zeichen für die Spule wird ein geschwärztes Feld oder ein Feld mit einem Kreuz angetragen. An die Verbindungslinie wird ein halbkreisförmiger Bogen angetragen.

Anschlusskennzeichen

Kontakte zum Schalten von Stromkreisen in Steuerungen erhalten eine zweistellige Kennziffer. Die erste Ziffer (Zehnerstelle) kennzeichnet die Rangfolge der Kontakte. Sie wird **Ordnungsziffer** genannt. Die zweite Ziffer (Einerstelle) gibt die Art des Kontaktes an. Sie wird **Funktionsziffer** genannt.

Es ist folgende Funktionsziffernzuordnung genormt:

- Öffner 1 - 2
- Schließer 3 - 4
- Wechsler 1 - 2 - 4
- Öffner zeitverzögert 5 - 6
- Schließer zeitverzögert 7 - 8

Spulenanschlüsse erhalten den Kennbuchstaben A, für den Spuleneingang A1 und für den Spulenausgang A2.

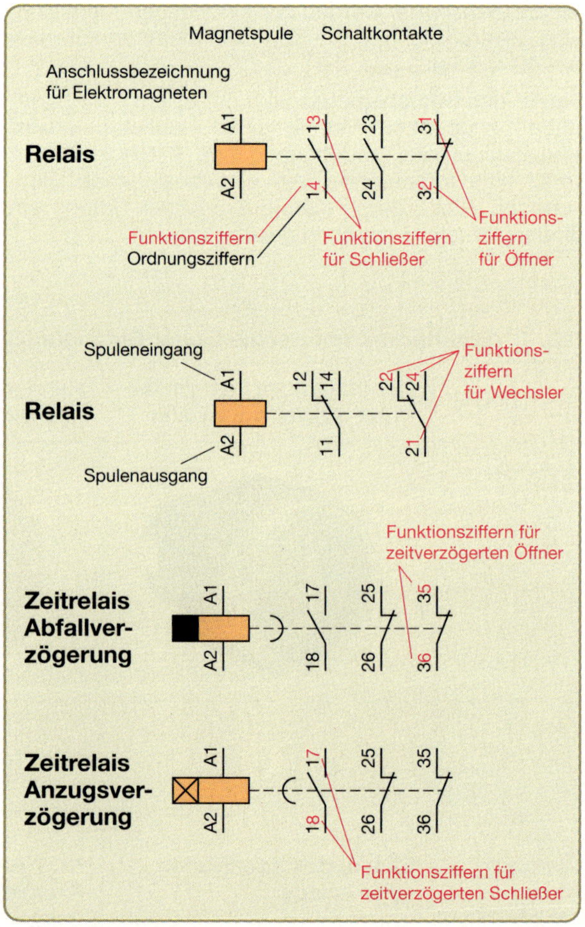

Abb. 2: Anschlusskennzeichnung von Relais

2.6.1.3 Magnetventile

Magnetventile sind pneumatische Wegeventile, die elektromagnetisch betätigt werden.

Es gibt Magnetventile, die direkt durch Elektromagnete umgeschaltet werden. Es gibt Magnetventile, bei denen der Elektromagnet ein Vorsteuerventil umschaltet. Das Vorsteuerventil steuert die Druckluft zum Umschalten des Ventils. Magnetventile mit dieser Funktion nennt man vorgesteuerte Ventile.

Abb. 3 zeigt ein vorgesteuertes 5/2-Wegeventil, das einseitig durch einen Elektromagneten betätigt wird.

Im spannungslosen Zustand (unbetätigt) wirkt die Feder am Steuerkolben (Abb. 3a). Der Steuerkolben wird in die Ausgangsstellung gedrückt. Die Druckluft strömt vom Anschluss 1 zum Anschluss 2. Abluft entweicht vom Anschluss 4 über den Anschluss 5. Der Anschluss 3 ist gesperrt.

Liegt an den Spulenanschlüssen des Magneten Spannung an, öffnet das Vorsteuerventil (Abb. 3b). Ein Teilstrom der Druckluft strömt über das geöffnete Vorsteuerventil und verschiebt den Steuerkolben entgegen der Federkraft nach rechts. Das Ventil schaltet um. Druckluft strömt vom Anschluss 1 zum Anschluss 4. Abluft entweicht vom Anschluss 2 über den Anschluss 3. Der Anschluss 5 ist gesperrt.

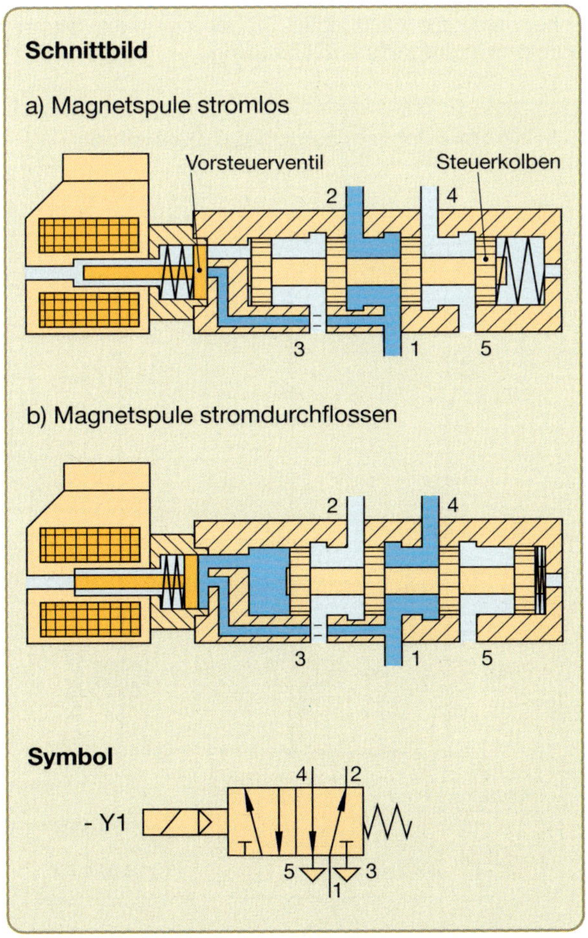

Abb. 3: Funktionsweise von elektromagnetisch betätigten Wegeventilen

Die elektromagnetisch betätigten Wegeventile bilden die Schnittstelle zwischen dem pneumatischen Arbeitsteil und dem elektrischen Steuerteil. Im Schaltplan für den pneumatischen Teil werden sie mit Symbolen nach DIN ISO 1219 dargestellt. Im Schaltplan für den elektrischen Teil werden sie mit Schaltzeichen nach DIN 40 900 dargestellt (➡TAB). Dem elektrischen Schaltzeichen nach DIN 40 900 können keine Einzelheiten über den Aufbau des Ventils entnommen werden (Abb. 4).

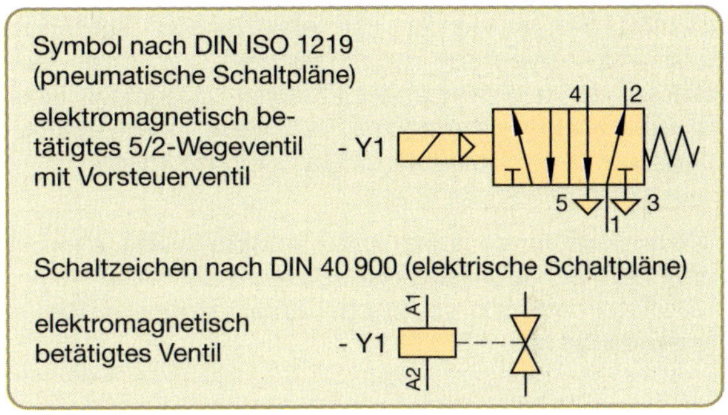

Abb. 4: Symbolhafte Darstellung von Wegeventilen

Aufgaben

1. Aus welchen Teilsystemen besteht eine elektropneumatische Steuerung? Beschreiben Sie die Aufgabe der Teilsysteme.

2. Erklären Sie den abgebildeten Schalter.

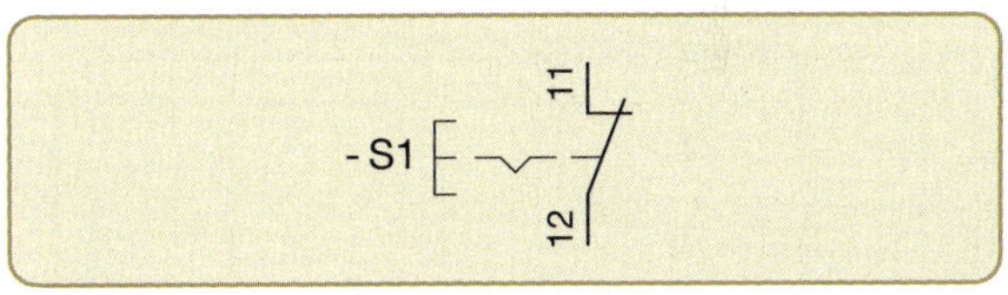

3. Geben Sie für folgende Betriebsmittel die Kennzeichnung an: Grenztaster, Relais, Magnetventil.

4. Welches Relais ist unten abgebildet? Erklären Sie die Funktionsweise des Relais.

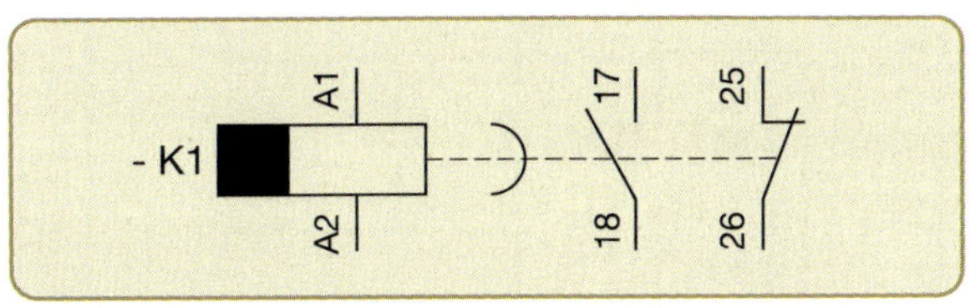

5. Erklären Sie das abgebildete Wegeventil.

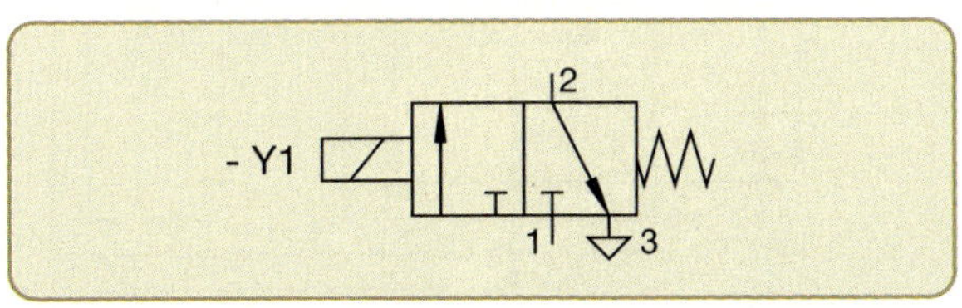

6. Skizzieren Sie für das in Aufgabe 5 abgebildete Wegeventil das Schaltzeichen nach DIN 40 900.

2.6.2 Schaltpläne

Schaltpläne beschreiben mit Hilfe von grafischen Zeichen, wie elektrische Systeme funktionieren und wie deren Bauteile durch elektrische Leitungen miteinander verbunden sind.

Schaltpläne können so gestaltet sein, dass die **Funktion der Anlage** oder dass die **räumliche Anordnung der Betriebsmittel** besser zu erkennen ist.

Stromlaufpläne sind Schaltpläne, die die Stromkreise von Maschinen und Anlagen darstellen. In Stromlaufplänen werden die elektrischen Betriebsmittel mit genormten Schaltzeichen und ihre Verbindung durch elektrische Leitungen dargestellt. Aus Stromlaufplänen ist die Funktionsweise einer Anlage, aber nicht deren bauliche Gestaltung ersichtlich.

Stromlaufpläne stellen die Funktionsweise elektrischer Schaltungen dar. Sie geben nicht die Größe, Form und räumliche Anordnung der Betriebsmittel an.

Je nach der Anordnung der Schaltzeichen unterscheidet DIN EN 61 082 verschiedene Darstellungsarten von Stromlaufplänen (➡ *TAB*):

- Stromlaufpläne in zusammenhängender Darstellung und
- Stromlaufpläne in aufgelöster Darstellung.

2.6.2.1 Stromlaufpläne in zusammenhängender Darstellung

Abb. 1 a) zeigt die Zweihand-Sicherheits-Schaltung für die Presse als Stromlaufplan in zusammenhängender Darstellung. Die einzelnen Stromkreise für die Bauglieder (Betriebsmittel) sind farbig hervorgehoben. Man erkennt drei verschiedene Stromkreise.

Der Stromlaufplan zeigt die beiden Tastschalter S1 und S2 als Eingabeglieder, ein Relais K1 und ein Zeitrelais K2 als Verarbeitungsglieder und ein Magnetventil Y1 als Ausgabeglied.

Alle Teile eines Betriebsmittels sind als Einheit dargestellt. So sind die Magnetspule und die Kontakte des Relais K1 zusammenhängend nebeneinander gezeichnet. Zwischen den Teilen des Relais sind die mechanischen Verbindungen durch Strichlinien angegeben.

Die Darstellung mechanischer Verbindungen ist typisch für diese Schaltplanart.

Der Leitungsverlauf macht den Schaltplan unübersichtlich. Die Funktionsweise der Zweihand-Sicherheits-Schaltung ist schlecht zu erkennen.

In der Steuerungstechnik werden deshalb üblicherweise keine Stromlaufpläne in zusammenhängender Darstellung verwendet. Stattdessen zeichnet man die Schaltpläne für elektrische Steuerungen als Stromlaufpläne in aufgelöster Darstellung.

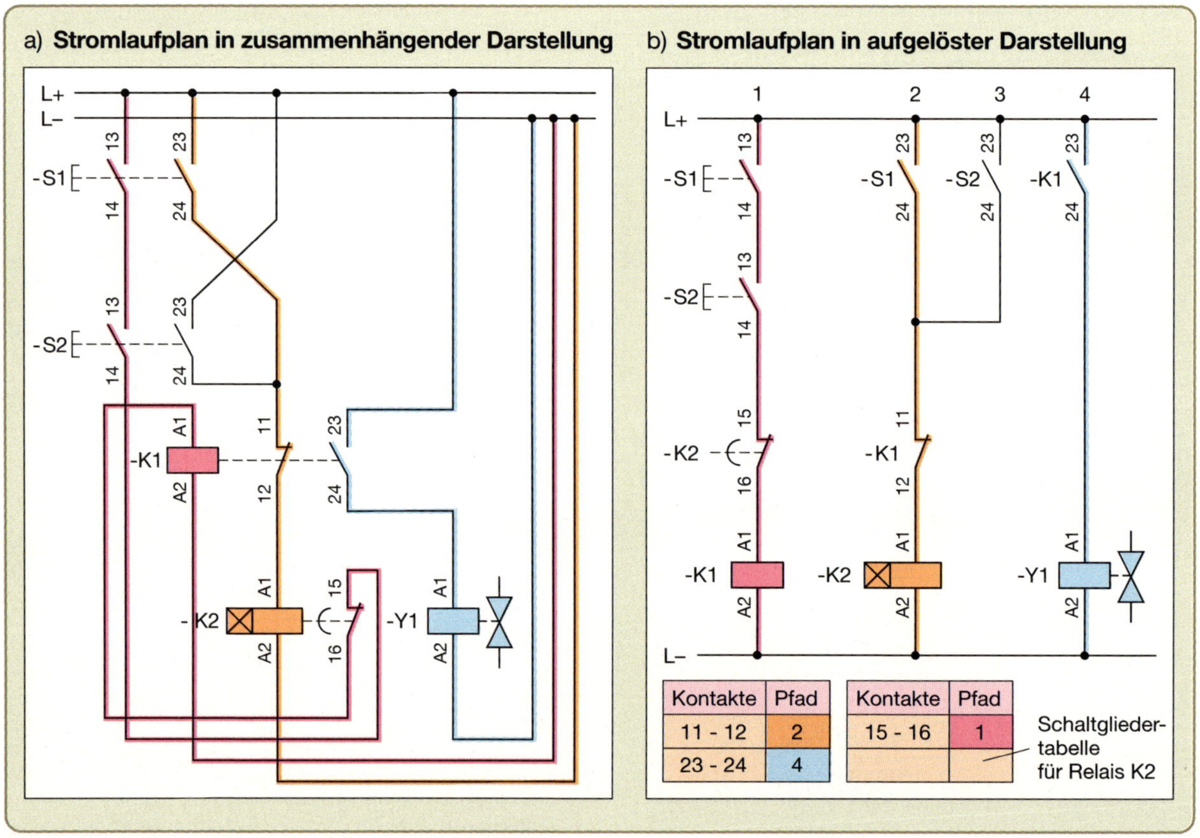

Abb. 1: Stromlaufpläne der Zweihand-Sicherheits-Schaltung

2.6.2.2 Stromlaufpläne in aufgelöster Darstellung

Abb. 1 b) zeigt die Zweihand-Sicherheits-Schaltung als Stromlaufplan in aufgelöster Darstellung.

Die Stromkreise sind in einzelne Strompfade aufgelöst. Die bauliche Zusammengehörigkeit einzelner Betriebsmittel bleibt unberücksichtigt. Die Magnetspule und die einzelnen Kontakte von Relais sind in verschiedene Strompfade eingetragen. Mechanische Verbindungen sind nicht dargestellt.

Elektrische Verbindungen

Elektrische Verbindungen werden mit Volllinien dargestellt. Verzweigungen können durch einen Punkt gekennzeichnet sein.

Die Strompfade verlaufen geradlinig meist senkrecht vom Pluspol L+ zum Minuspol L–. Die Strompfade sind von links nach rechts angeordnet, entsprechend dem Funktionsablauf.

Die einzelnen Strompfade können fortlaufend durchnummeriert werden. Die Nummern der Strompfade stehen dabei über der Linie für den Pluspol L+.

Betriebsmittel

Die **Schaltzeichen** werden so angeordnet, dass die Betätigung von links nach rechts erfolgt. Schalter werden unbetätigt, Relais und Magnetventile im spannungslosen Zustand dargestellt. Er wird Ausgangszustand genannt.

Welche Teile zu einem Betriebsmittel gehören, ist aus der **Betriebsmittelkennzeichnung** zu ersehen.

Das Relais K1 ist in drei verschiedene Strompfade eingebaut. Die Magnetspule befindet sich im Strompfad 1, ein Öffnerkontakt im Strompfad 2 und ein Schließerkontakt im Strompfad 4. Spule und Kontakte haben die gleiche Kennzeichnung K1.

Alle angeschlossenen Schaltkontakte eines Relais werden in einer **Schaltgliedertabelle** eingetragen. Schaltgliedertabellen geben an, in welchem Strompfad ein Kontakt des Relais zu finden ist.

2.6.2.3 Elektropneumatische Schaltpläne

Bei elektropneumatischen Steuerungen wird der pneumatische Teil vom elektrischen Teil getrennt dargestellt.

Im **pneumatischen Teil** befinden sich das Magnetventil (1V1) und der Zylinder (1A). Er wird als pneumatischer Schaltplan ausgeführt (Abb. 2 a).

Im **elektrischen Teil** befinden sich die Schalter (S1, S2) und die Relais (K1, K2). Er wird als Stromlaufplan in aufgelöster Darstellung ausgeführt (Abb. 2 b).

Über die Schalter (S1 u. S2) werden die Signale eingegeben. Relais (K1, K2) verarbeiten die Signale. Über das elektromagnetisch betätigte Wegeventil (Y1) erfolgt die Signalausgabe auf den pneumatischen Teil.

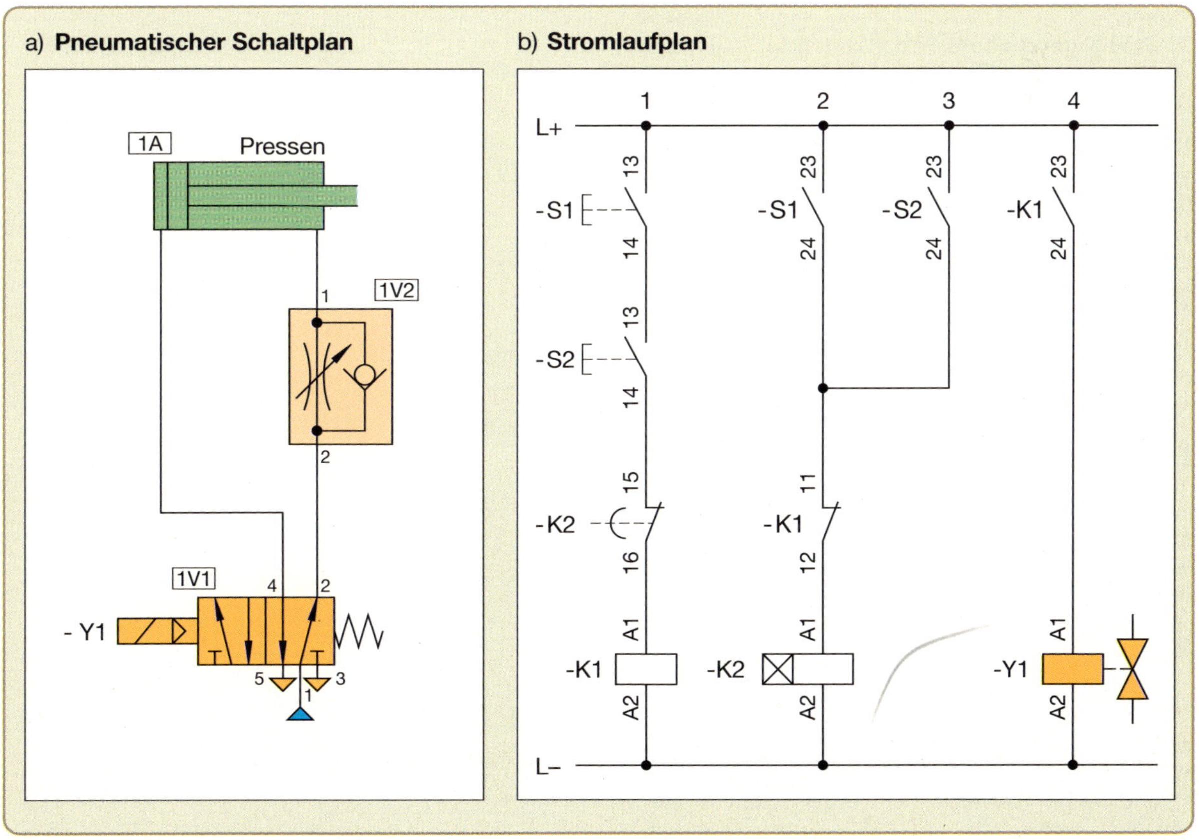

Abb. 2: Elektropneumatischer Schaltplan

2.6.3 Grundschaltungen elektrischer Steuerungen

In Verknüpfungssteuerungen und Ablaufsteuerungen treten grundlegende Schaltungsarten auf. Bei der Analyse einer Schaltung ist es sinnvoll von diesen Grundschaltungen auszugehen.

Bei der Druckluftpresse müssen aus Sicherheitsgründen die beiden Handtaster gleichzeitig betätigt werden. Die entsprechende Signalverknüpfung erfolgt durch eine Zweihand-Sicherheitsschaltung. Danach läuft der Steuerungsablauf selbsttätig ab.

Die Funktionsweise kann geräteunabhängig in Funktionsplänen und Funktionstabellen beschrieben werden (vgl. Abschnitt 5.4). In Funktionstabellen werden die Signalzustände mit 0 und 1 gekennzeichnet.

Bei einem 0-Signal ist ein Schalter unbetätigt oder eine Magnetspule eines Relais oder Magnetventils stromlos. Bei einem 1-Signal ist ein Schalter betätigt oder eine Spule stromdurchflossen.

Bei der Zweihand-Sicherheitsschaltung der Druckluftpresse treten folgende Grundschaltungen auf (vgl. Tab. 1):

UND-Verknüpfung

Im Strompfad 1 der Zweihand-Sicherheitsschaltung sind die Schaltkontakte der beiden Handtaster (S1 u. S2) in Reihe hintereinander geschaltet (Abb. 1). Der Strompfad zum Relais K1 ist geschlossen, wenn Taster S1 und S2 gleichzeitig betätigt sind.

> In **Reihe geschaltete Schaltkontakte** haben die Funktion einer UND-Verknüpfung.

ODER-Verknüpfung

Die Schaltkontakte der beiden Handtaster sind in den Strompfaden 2 und 3 parallel nebeneinader angeordnet (Abb. 2). Der Strompfad zum Relais K2 ist geschlossen, wenn Taster S1 oder Taster S2 oder beide Taster gleichzeitig betätigt sind.

> **Parallel geschaltete Schaltkontakte** haben die Funktion einer ODER-Verknüpfung.

NICHT-Verknüpfung

Im Strompfad 2 ist ein Öffnerkontakt des Relais K1 angeordnet (Abb. 3). Bei Betätigung (1-Signal) wird der Strompfad zum Relais K2 unterbrochen. Das Relais K2 wird stromlos (0-Signal). Es findet eine Signalumkehrung statt.

> **Öffnerkontakte** haben die Funktion einer NICHT-Verknüpfung.

In Reihe geschaltete Öffnerkontakte unterbrechen immer einen Strompfad. Die Eingabesignale der Taster S1 und S2 für das Relais K2 können nicht wirksam werden, wenn der Kontakt des Relais K1 öffnet.

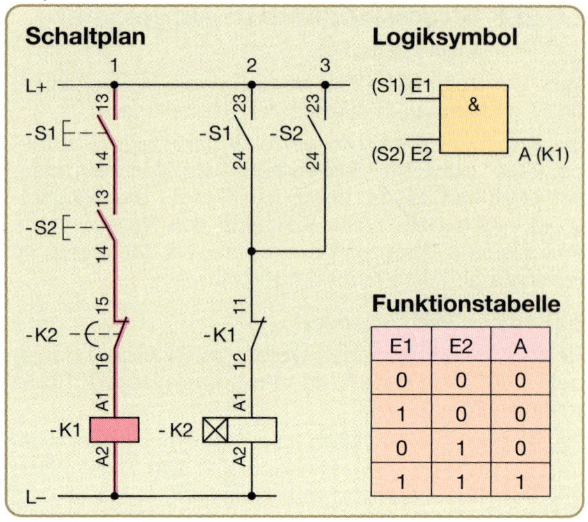

E1	E2	A
0	0	0
1	0	0
0	1	0
1	1	1

Abb. 1: UND-Verknüpfung

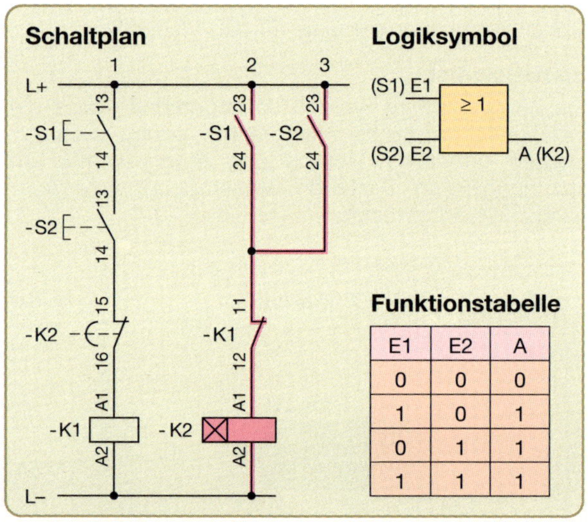

E1	E2	A
0	0	0
1	0	1
0	1	1
1	1	1

Abb. 2: ODER-Verknüpfung

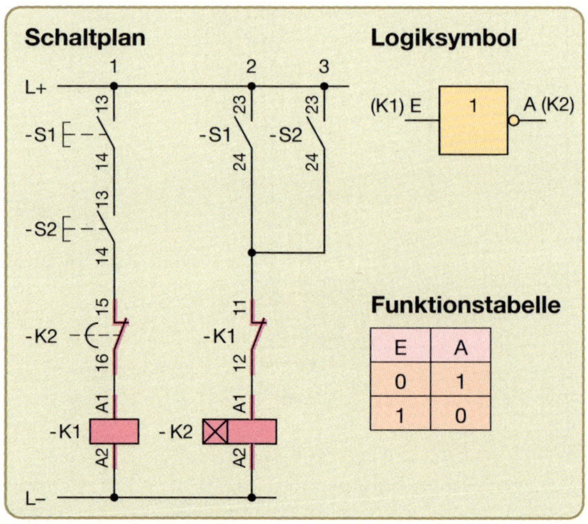

E	A
0	1
1	0

Abb. 3: NICHT-Verknüpfung

Tab. 1: Verknüpfungsfunktionen

<table>
<tr><th></th><th>UND-Verknüpfung</th><th>ODER-Verknüpfung</th><th>NICHT-Verknüpfung</th></tr>
<tr><td>Logiksymbol</td>
<td>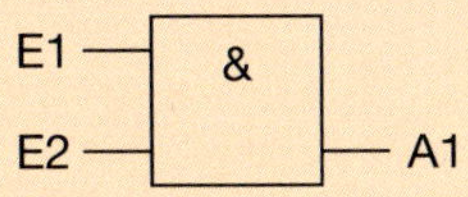
</td>
<td>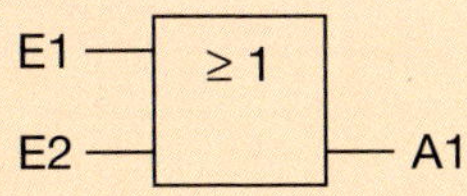
</td>
<td>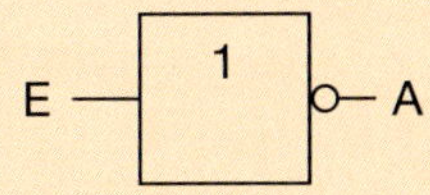
</td></tr>
<tr><td>Funktionstabelle</td>
<td><table><tr><th>E1</th><th>E2</th><th>A1</th></tr><tr><td>0</td><td>0</td><td>0</td></tr><tr><td>1</td><td>0</td><td>0</td></tr><tr><td>0</td><td>1</td><td>0</td></tr><tr><td>1</td><td>1</td><td>1</td></tr></table></td>
<td><table><tr><th>E1</th><th>E2</th><th>A1</th></tr><tr><td>0</td><td>0</td><td>0</td></tr><tr><td>1</td><td>0</td><td>1</td></tr><tr><td>0</td><td>1</td><td>1</td></tr><tr><td>1</td><td>1</td><td>1</td></tr></table></td>
<td><table><tr><th>E</th><th>A</th></tr><tr><td>0</td><td>1</td></tr><tr><td>1</td><td>0</td></tr></table></td></tr>
<tr><td>WENN-DANN-Beziehung</td>
<td>WENN E1
UND E2
DANN A1</td>
<td>WENN E1
ODER E2
DANN A1</td>
<td>WENN E
DANN NICHT A</td></tr>
<tr><td>Pneumatischer Schaltplan</td>
<td>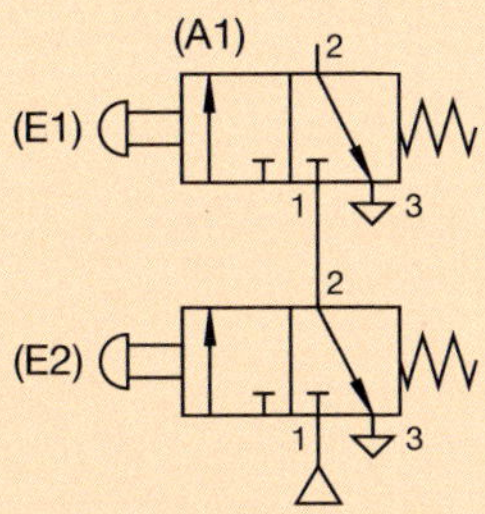

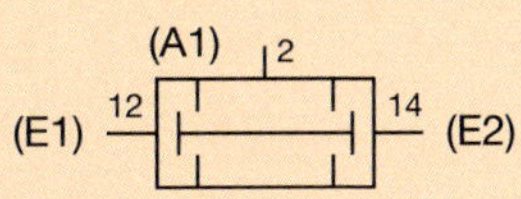

Zweidruckventil</td>
<td>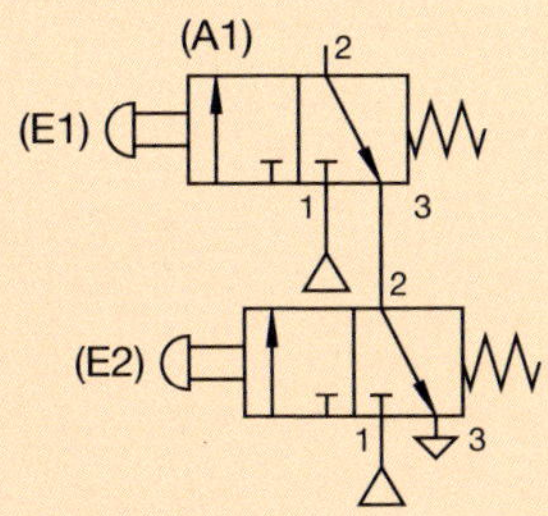

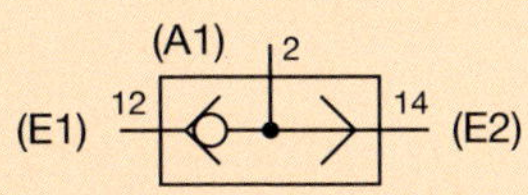

Wechselventil</td>
<td>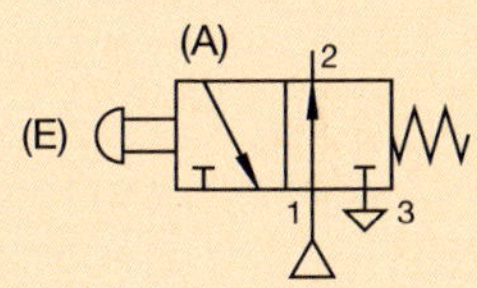
</td></tr>
<tr><td>Elektrischer Schaltplan</td>
<td>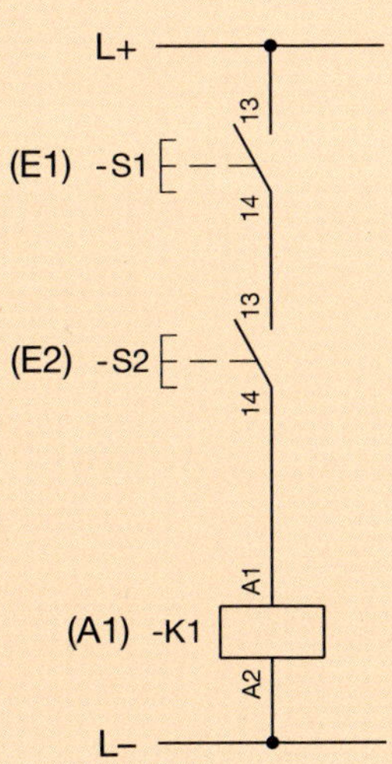
</td>
<td>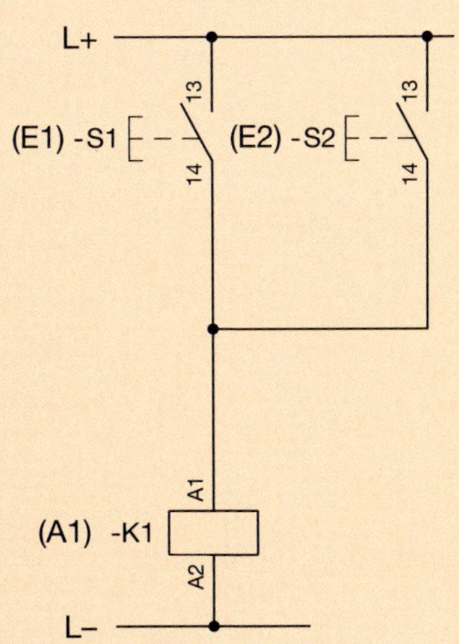
</td>
<td>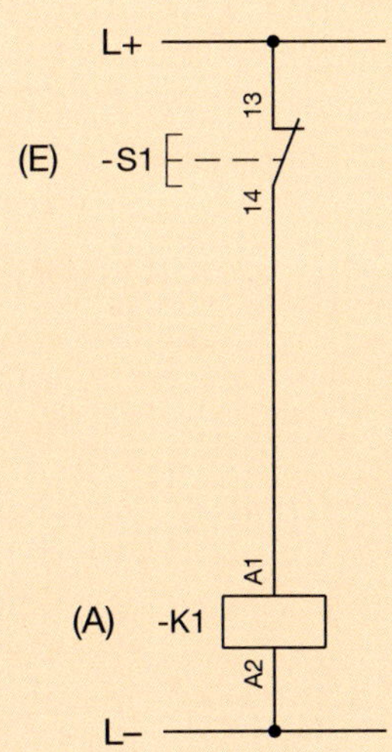
</td></tr>
</table>

Zusammenfassung

Elektropneumatische Steuerungen

elektrischer Teil: **Steuerteil**
Darstellung durch:
Stromlaufpläne in aufgelöster Darstellung
Aufbau durch:

pneumatischer Teil: **Arbeitsteil**
Darstellung durch:
Pneumatische Schaltpläne
Aufbau durch:

Eingabeglieder ⇨ Verarbeitungsglieder ⇨ Ausgabeglieder ⇨ Antriebsglieder

- Schalter
  manuelle Betätigung
  mechanische Betätigung
- Relais
  elektromagnetische Betätigung
- Magnetventile
  elektromagnetische Betätigung
- Zylinder
  Druckenergie

Verarbeitungsglieder:

- Verknüpfungsfunktion: Reihenschaltung von Kontakten, Parallelschaltung von Kontakten, Öffnerkontakte
- Speicherfunktion: Selbsthalteschaltung
- Zeitfunktion: Relais mit Anzugsverzögerung, Relais mit Abfallverzögerung

Aufgaben

1. Beschreiben Sie Unterschiede zwischen Stromlaufplänen in zusammenhängender Darstellung und Stromlaufplänen in aufgelöster Darstellung.

2. Wie erkennt man in einem Stromlaufplan in aufgelöster Darstellung, welche Schaltkontakte jeweils zu einer Magnetspule eines Relais gehören?

3. In welcher Reihenfolge werden die Strompfade eines Stromlaufplans angeordnet?

4. Wie werden die Strompfade eines Stromlaufplans gekennzeichnet?

5. Erläutern Sie die Signalverknüpfung der Tastschalter in Schaltung a) und b).

Geben Sie das Logiksymbol an und stellen Sie die Funktionstabelle auf.

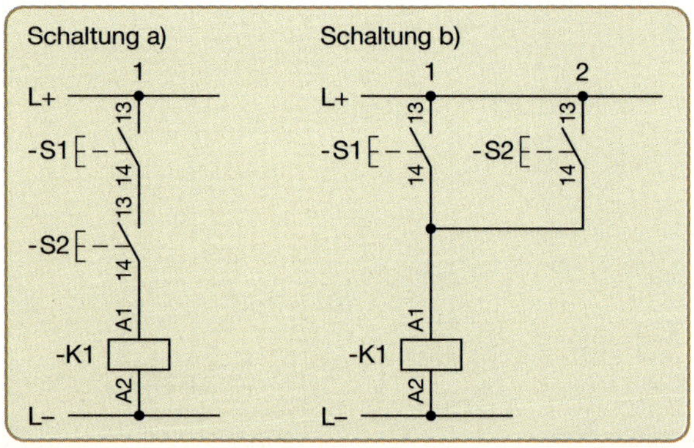

6. Welche Informationen kann man der abgebildeten Schaltgliedertabelle entnehmen?

Kontakte	Pfad
13 - 14	2
23 - 24	4
31 - 32	6

7. a) Stellen Sie für das Logiksymbol die Funktionstabelle auf.

b) Skizzieren Sie einen Schaltplan in aufgelöster Darstellung mit der Funktion, wie sie das Logiksymbol beschreibt.

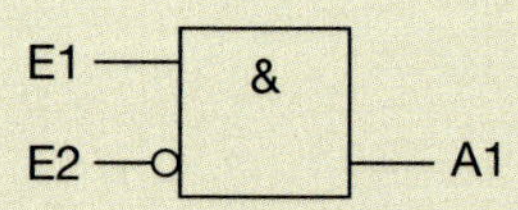

8. In einer Schaltung soll ein Eingabesignal zeitverzögert ausgegeben werden. Mit welchen Verarbeitungsgliedern kann diese Funktion erreicht werden?

9. Stellen Sie die Signalverarbeitung eines Relais mit Abfallverzögerung durch ein Logiksymbol dar.

Gesamtaufgabe

Untersuchen Sie die Funktionsweise der elektropneumatischen Schaltung für die Presse.

1. Erstellen Sie eine Liste der verwendeten elektrischen Betriebsmittel.

2. Durch welches Bauglied wirkt der elektrische Teil der Schaltung auf den pneumatischen Teil?

3. Beschreiben Sie die Funktion des Relaiskontaktes K1 im Strompfad 2.

4. Beschreiben Sie die Funktion des Relaiskontaktes K2 im Strompfad 1. Was passiert, wenn ein Relais ohne Anzugsverzögerung eingebaut wird?

5. Beschreiben Sie die Signalverarbeitung:

a) im Strompfad 2,

b) im Strompfad 1.

Ergänzen Sie dazu die Funktionspläne mit den Logiksymbolen für die Signalverarbeitung. Geben Sie an den Eingängen und Ausgängen die Kennzeichnung für die Betriebsmittel an, über die die Signale eingegeben bzw. ausgegeben werden.

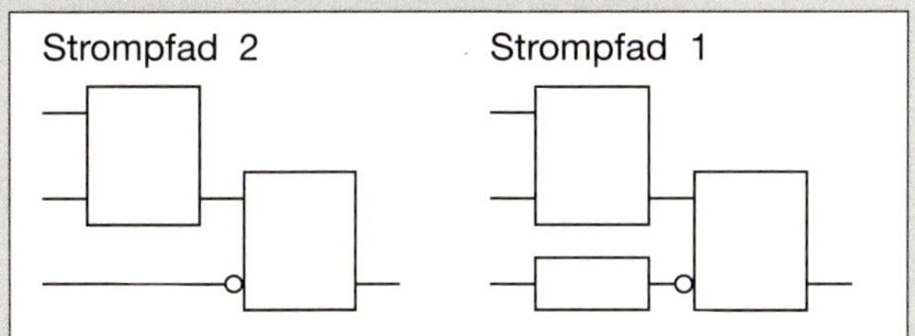

6. Beschreiben Sie die Funktionsweise der Zweihand-Sicherheits-Schaltung. Geben Sie für folgende Zustände das Verhalten der Schaltung an:

a) nur Taster S1 betätigt,

b) Taster S1 wird betätigt, nachdem Taster S2 bereits längere Zeit betätigt ist,

b) Taster S1 und S2 gleichzeitig betätigt,

c) Taster S2 kurzzeitig nicht betätigt, während der Kolben des Zylinders ausfährt.

7. Beschreiben Sie die Signalverarbeitung in der Zweihand-Sicherheits-Schaltung.

Ergänzen Sie dazu den Funktionsplan mit den Logiksymbolen für die Signalverarbeitung. Geben Sie an den Eingängen und Ausgängen jeweils die Kennzeichnung für die Betriebsmittel an, über die die Signale eingegeben bzw. ausgegeben werden.

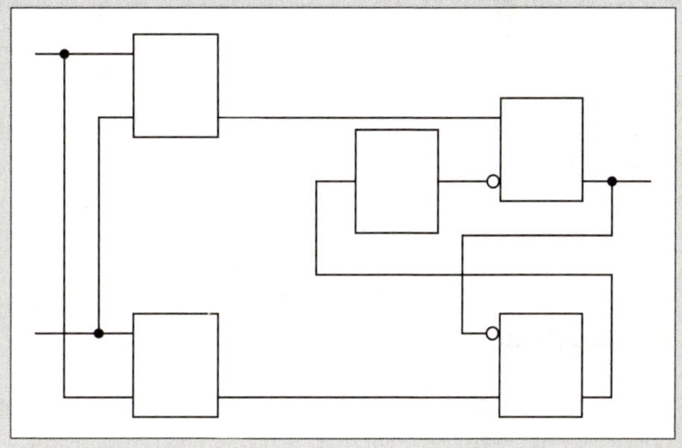

Pneumatischer Schaltplan

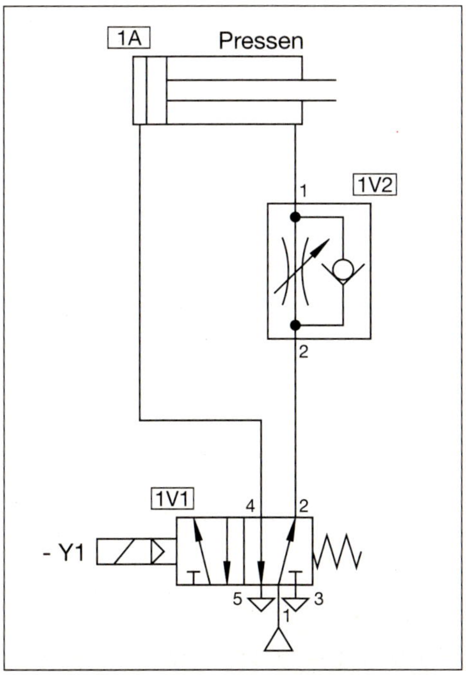

Stromlaufplan

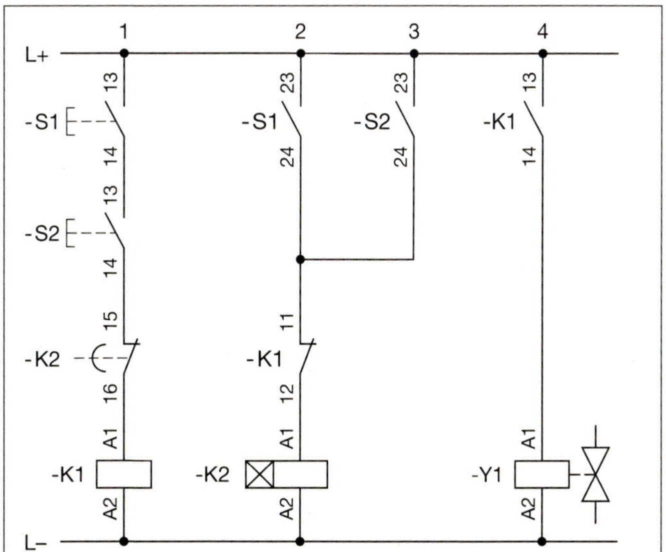

Kontakte	Pfad
11 - 12	2
23 - 24	4

Kontakte	Pfad
15 - 16	1

2.7 Hydraulische Steuerungen

Sind größere Kräfte erforderlich, werden hydraulische Pressen verwendet. Hydraulische Pressen arbeiten mit Druckflüssigkeiten. In hydraulischen Anlagen können große Kräfte übertragen werden, weil die Druckflüssigkeiten nicht zusammengepresst werden können.

Druckflüssigkeiten sind Hydrauliköle. Deren Hauptaufgabe es ist, Energie zu übertragen. Daneben müssen Hydrauliköle auch Wärme abführen, schmieren und vor Korrosion schützen.

Bei **hydraulischen Steuerungen** werden Hydrauliköle zum Antrieb und zur Steuerung von Maschinen und Anlagen eingesetzt.

Eine hydraulische Anlage besteht aus den Teilsystemen (Abb. 1):

- Energieversorgung,
- Energiesteuerung und
- Antriebsteil.

Jede hydraulische Anlage hat dabei ihr eigenes Energieversorgungsteil.

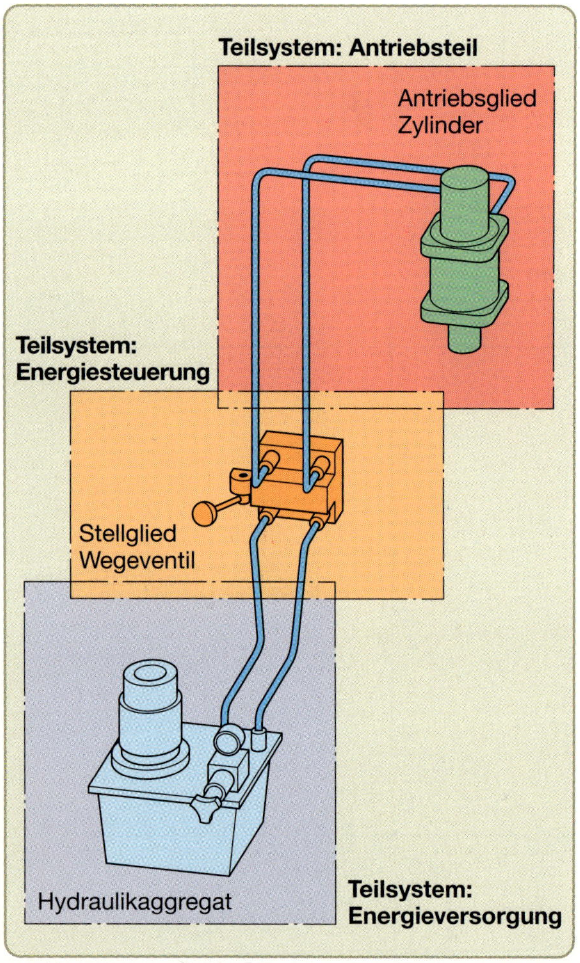

Abb. 1: Aufbau einer hydraulischen Anlage

2.7.1 Einheiten zur Energieversorgung

Einheiten zur Energieversorgung werden meist als komplette Baueinheiten geliefert. Solche Baueinheiten werden als **Hydraulikaggregat** bezeichnet. Das Hydraulikaggregat besteht meistens aus folgenden Einzelgeräten (Abb. 2):

- dem **Ölbehälter** (0Z1), zum Aufbewahren und Kühlen der Hydraulikflüssigkeit,
- der **Pumpe** (0P1), die die Flüssigkeit aus dem Behälter saugt und zu dem Zylinder fördert,
- dem **Elektromotor** (0M1), zum Antrieb der Pumpe,
- dem **Druckbegrenzungsventil** (0V1), mit dem der Druck in der Anlage nach oben begrenzt wird,
- dem **Rückschlagventil** (0V2), mit dem bei Ausfall des Motors verhindert wird, dass durch äußere Kräfte auf den Zylinder Druckflüssigkeit zur Pumpe zurückläuft,
- dem **Filter** (0Z2), der die Flüssigkeit von Fremdstoffen reinigt,
- dem **Manometer** (0Z3) zum Ablesen des Druckes in der Anlage.

Das Hydrauliköl wird durch Stahlrohrleitungen oder Schlauchleitungen zur Antriebseinheit geführt. Von der Antriebseinheit muss das Öl wieder zurück in den Behälter geführt werden. In der Anlage durchläuft das Öl einen Kreislauf.

In einem hydraulischen Schaltplan werden die Bauglieder eines Hydraulikaggregats mit genormten Symbolen nach DIN ISO 1219 (➡ *TAB*) dargestellt.

2.7.2 Einheiten zur Energiesteuerung

Der Energiefluss in hydraulischen Anlagen kann über die Menge oder über den Druck der Flüssigkeit beeinflusst werden.

Zu den Einheiten der Energiesteuerung gehören Wegeventile, Druckventile und Stromventile.

2.7.2.1 Wegeventile

Wegeventile öffnen und sperren den Durchfluss der Hydraulikflüssigkeit und ändern deren Durchflussrichtung.

Hydraulische Ventile haben im Unterschied zu Ventilen für pneumatische Steuerungen zusätzlich Anschlüsse für Rückleitungen zum Behälter.

Es werden häufig Wegeventile mit vier Leitungsanschlüssen verwendet. Die Anschlusskennzeichnung erfolgt in der Regel durch Buchstaben (Tab. 1). Auf den Bauteilen findet sich die gleiche Kennzeichnung.

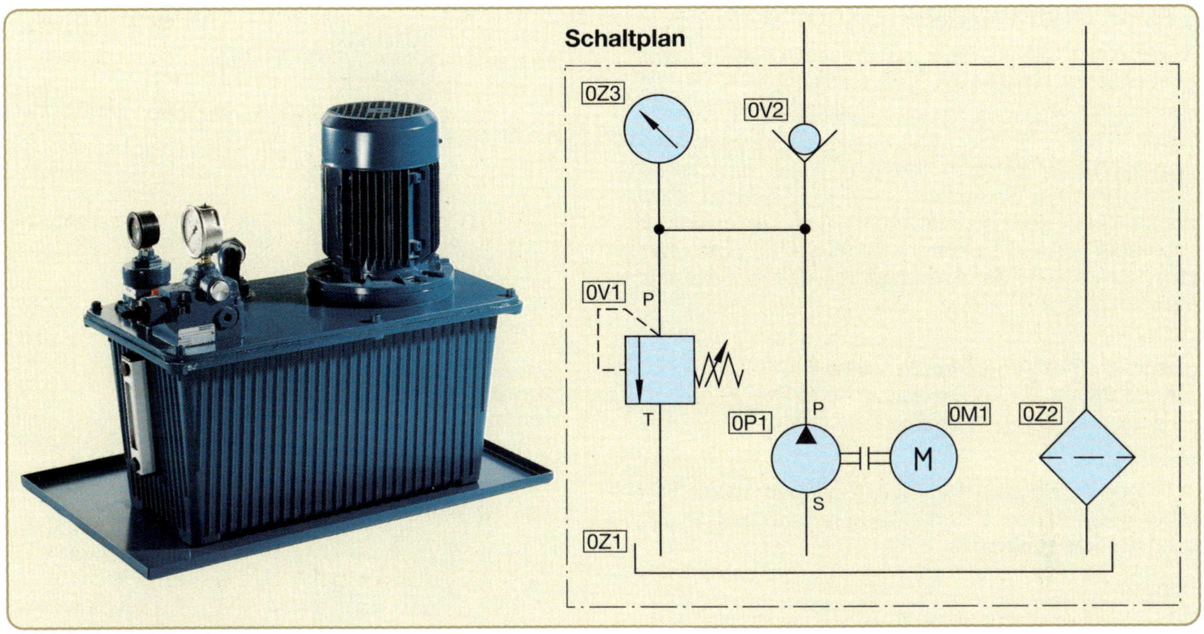

Abb. 2: Hydraulikaggregat

Das Wegeventil in Abb. 3 hat zwei Schaltstellungen. Durch eine Feder wird es in Ausgangsstellung gehalten (unbetätigt). Durch Betätigen des Handhebels wird es in Arbeitsstellung gebracht.

Das Wegeventil hat vier Anschlüsse. An den Anschlüssen A und B werden die Leitungen zum Zylinder angeschlossen (Arbeitsleitungen). Am Anschluss P wird die Druckleitung von der Pumpe angeschlossen. Über den Anschluss T erfolgt die Rückleitung des Hydrauliköls zum Tank.

In der **Ausgangsstellung** ist der Weg für das Drucköl vom Druckleitungsanschluss P zum Anschluss B geöffnet. Der Weg für den Ölabfluss ist vom Anschluss A zum Tank geöffnet.

In **Arbeitsstellung** ist der Weg für das Drucköl vom Druckleitungsanschluss P zum Anschluss A geöffnet. Der Weg für den Ölabfluss ist vom Anschluss B zum Tank geöffnet.

Tab. 1: Kennzeichnung von Anschlüssen

Anschlussarten	Bezeichnung
Arbeitsleitungsanschlüsse	**A, B, C**
Anschluss der Druckleitung von der Pumpe	**P**
Anschluss der Abflussleitung zum Tank	**T**
Leckölanschluss	**L**
Steuerleitungsanschlüsse	**X, Y, Z**

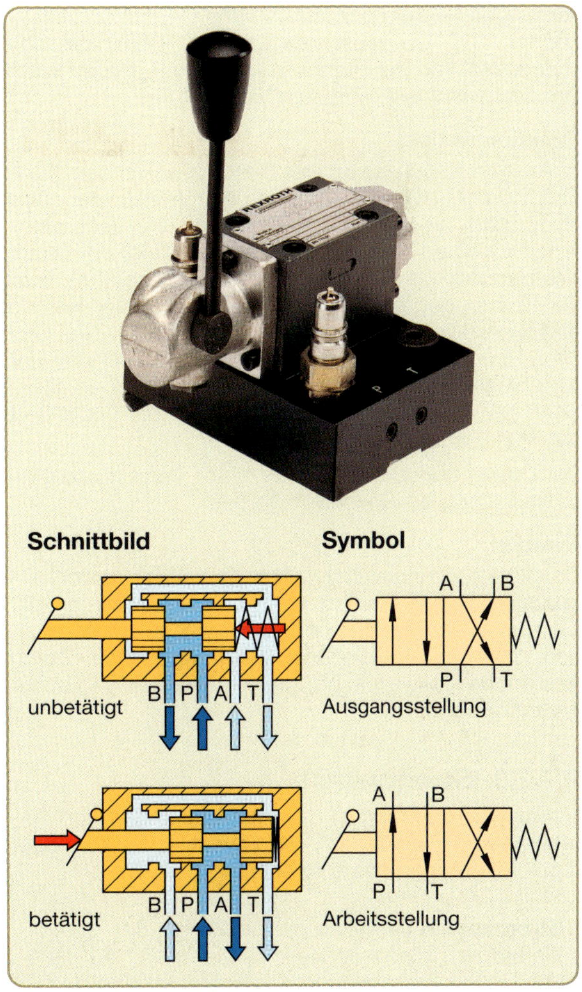

Abb. 3: Hydraulisches 4/2-Wegeventil

2.7.2.2 Druckventile

Druckventile steuern oder regeln den Druck in einer hydraulischen Steuerung.

Die meisten Pumpen fördern auch dann Hydrauliköl weiter, wenn z. B. der Kolben eines Zylinders ganz ausgefahren ist (Abb. 1). Deshalb muss ein Überlastungsschutz in die Anlage eingebaut werden. Dazu dienen Druckbegrenzungsventile. Das geförderte Öl wird über das Druckbegrenzungsventil zum Tank abgeführt, sobald der Anlagendruck den eingestellten Wert übersteigt.

Druckbegrenzungsventile sichern hydraulische Steuerungen gegen unzulässig hohe Drücke ab.

Anschlüsse:

Druckbegrenzungsventile (Abb. 2) haben meist zwei Anschlüsse: einen **Druckleitungsanschluss P** und einen **Tankanschluss T**.

Einbau:

Das Druckbegrenzungsventil wird in einer Nebenleitung zum Hydraulikkreislauf eingebaut. Der Druckleitungsanschluss wird dabei mit dem Teil der Anlage verbunden, in dem unzulässig hohe Drücke entstehen können. Es ist meist die Leitung, über die das Hydrauliköl von der Pumpe zum Zylinder geführt wird. Der Tankanschluss wird zum Tank geführt.

Funktionsweise:

In Ausgangsstellung ist das Ventil geschlossen. Eine Feder drückt den Kolben geben den Ventilboden. Das Hydrauliköl am Anschluss P gelangt über eine Bohrung im Kolben auf dessen Stirnseite. Steigt der Druck des Hydrauliköls über die eingestellte Federkraft, wird der Kolben gegen die Feder verschoben. Der Kolben öffnet den Weg zum Tankanschluss T. Das Hydrauliköl kann drucklos zum Tank abfließen. Der Druck am Anschluss P und damit in der Anlage bleibt erhalten. Sinkt der Druck in der Anlage, schließt die Federkraft das Ventil wieder.

Der Druck, bei dem das Ventil öffnet, kann durch eine Einstellschraube eingestellt werden.

Symbol:

Druckbegrenzungsventile (Abb. 2) werden durch ein quadratisches Kästchen mit einem Pfeil dargestellt. Der Pfeil gibt die Durchflussrichtung an. Seitlich an dem Quadrat wird die Betätigung angegeben. Durch eine interne Steuerleitung wird das Ventil entgegen der Federkraft geöffnet.

2.7.2.3 Stromventile

Stromventile werden in die Arbeitsleitungen von Antriebsgliedern eingebaut. Stromventile steuern oder regeln die Menge des Ölstroms.

Stromventile beeinflussen die Menge des durchfließenden Hydrauliköles. Sie dienen zur Geschwindigkeitssteuerung von Antriebsgliedern.

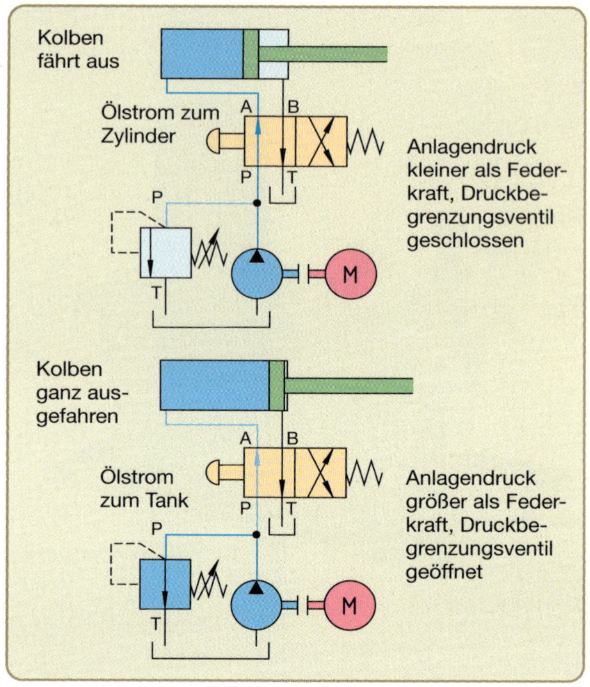

Abb. 1: Einbau eines Druckbegrenzungsventils

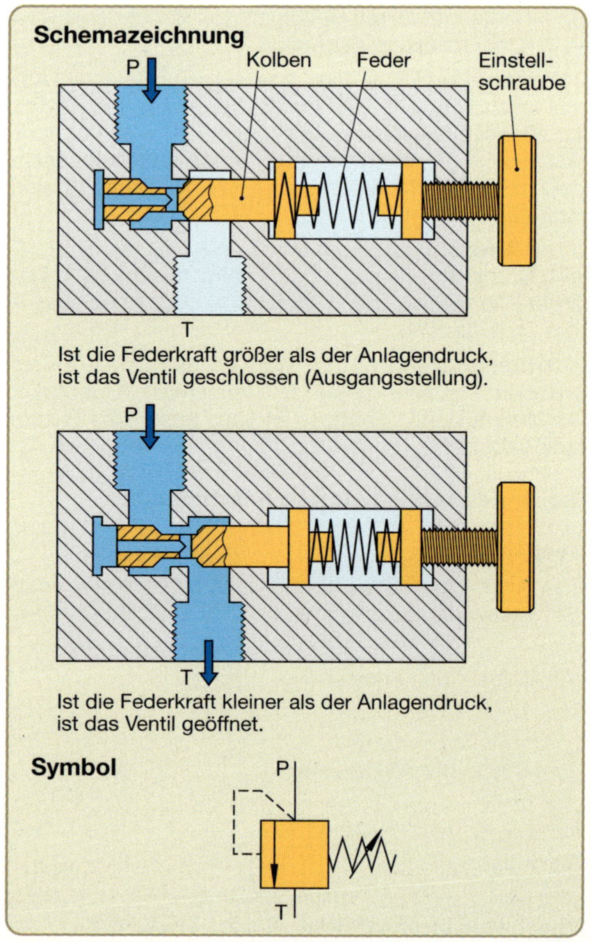

Abb. 2: Druckbegrenzungsventil

Man unterscheidet:

- Drosselventile (vgl. Abschnitt 5.2) und
- Stromregelventile.

Stromregelventile

Stromregelventile sind aus einem Druckventil und einem Drosselventil aufgebaut. Abb. 3 zeigt ein Stromregelventil in 2-Wege-Ausführung. Das Ventil hat zwei Anschlüsse. Das Hydrauliköl kann nur in der Richtung von A nach B strömen. Stromregelventile können durch ein ausführliches oder ein vereinfachtes Symbol dargestellt werden. Der Pfeil auf der durchgezogenen Linie zeigt die Durchflussrichtung an.

Funktionsweise:

Das Stromregelventil hat eine einstellbare Drossel und einen Regelkolben. Eine Feder hält den Anschluss A geöffnet.

Der Druckunterschied vor und hinter der Drossel beeinflusst die Durchflussmenge des Öles an der Drossel zum Ausgangsanschluss B:

Ist der Druckunterschied groß, kann eine große Menge an Öl durch die Drossel zum Ausgangsanschluss B strömen.

Ist der Druckunterschied klein, kann eine geringe Menge an Öl durch die Drossel zum Ausgangsanschluss B strömen.

Dem wirkt der Regelkolben entgegen:

Ist der Druckunterschied groß, verringert der Regelkolben entgegen der Federkraft die Einlassöffnung. Es kann weniger Öl am Anschluss A einströmen.

Ist der Druckunterschied klein, vergrößert der Regelkolben die Einlassöffnung. Es kann mehr Öl am Anschluss A einströmen.

Durch das Stromregelventil strömt immer die gleiche Menge Öl, unabhängig von den Druckverhältnissen in der Anlage.

> Das **Stromregelventil** lässt unabhängig von Druckschwankungen in der Anlage immer die gleiche Menge an Hydrauliköl fließen. Damit bleibt die Geschwindigkeit von Antriebseinheiten gleich.

Der Drosselspalt kann über eine Einstellschraube verändert werden. Damit lässt sich die Durchflussmenge des Hydrauliköles durch das Stromregelventil einstellen. Durch die Ölmenge wird die Geschwindigkeit der Antriebseinheiten gesteuert.

2.7.3 Antriebseinheiten

Antriebseinheiten hydraulischer Steuerungen sind Zylinder und Motoren. Sie formen die Druckenergie der Hydraulikflüssigkeit in Bewegungsenergie um und verrichten mechanische Arbeit.

Hydraulische Zylinder führen geradlinige Bewegungen aus. Wegen der hohen Drücke müssen sie stabiler gebaut werden als pneumatische Zylinder.

Hydromotoren führen Drehbewegungen aus.

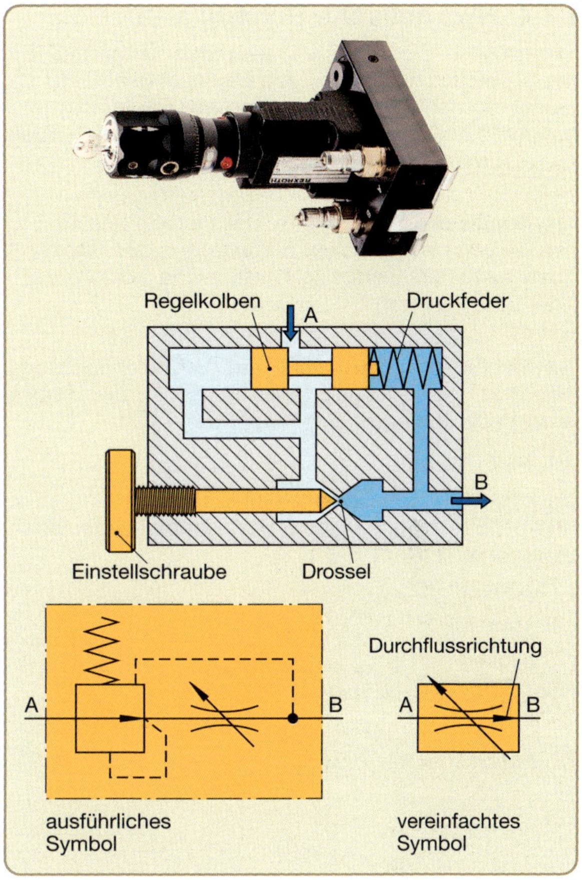

Abb. 3: Stromregelventil

Aufgaben

1. Aus welchen Teilsystemen besteht eine hydraulische Anlage? Beschreiben Sie die Aufgabe der Teilsysteme.

2. Erklären Sie das abgebildete Wegeventil:

a) Wie heißt das Ventil?

b) Wie wird das Ventil betätigt?

c) Wo führen die Leitungen jeweils hin, die an das Ventil angeschlossen werden?

d) Wie sind die Strömungswege des Öles in Ausgangsstellung und in Arbeitsstellung des Ventils?

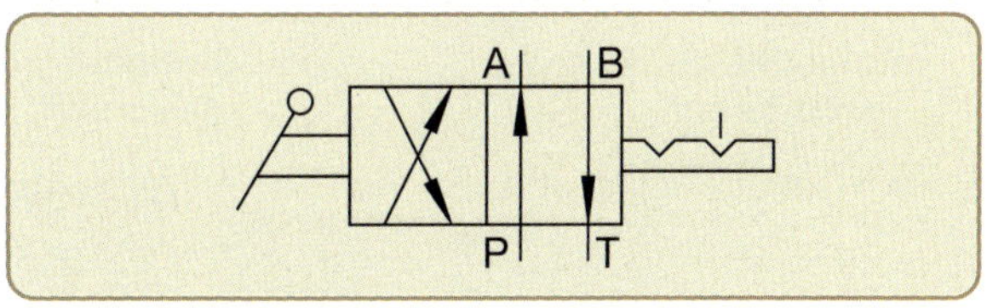

3. Beschreiben Sie die Aufgabe von Druckbegrenzungsventilen in hydraulischen Steuerungen.

4. Beschreiben Sie die unterschiedliche Wirkung von Drosselventilen und Stromregelventilen.

2.7.4 Hydraulische Schaltpläne

Hydraulische Schaltpläne lassen den Ölkreislauf für alle Steuerungsvorgänge und Bewegungsabläufe erkennen. In den Schaltplänen sind alle Bauglieder und Leitungen enthalten (Abb. 1 b). Die Bauglieder werden mit genormten Schaltzeichen dargestellt.

Hydraulische Schaltpläne stellen die Funktionsweise von hydraulischen Steuerungen dar. Sie geben nicht die tatsächliche räumliche Anordnung der Bauglieder an.

Der Schnittschaltplan dient der Veranschaulichung (Abb. 1 a). Schnittschaltpläne haben in der Praxis keine Bedeutung.

Schaltplanaufbau

Die einzelnen Bauglieder einer Steuerung sind dem Energiefluss entsprechend von unten nach oben angeordnet, z. B.:

- Ölbehälter (0Z1),
- Pumpe (0P1),
- Stellglied (1V1),
- Hydraulikzylinder (1A).

Darstellung und Kennzeichnung der Bauglieder

Die Zylinder und Ventile sollen möglichst waagerecht angeordnet werden. Sie sind dabei in Ausgangsstellung zu zeichnen. Diese Schaltstellung ergibt sich nach dem Einschalten der Anlage, aber vor Betätigung der Starttaster.

Jedes Bauglied erhält eine Kennzeichnung aus Zahlen und Buchstaben. Sie sollte mit einem Rahmen versehen sein. Die Kennzeichnung besteht aus der Schaltkreisnummer, der Bezeichnung der Bauteilart und der Bauteilnummer (vgl. Tab. 1, S. 250). Alle Bauteile, die zum Hydraulikaggregat gehören, erhalten die Schaltkreisnummer 0.

Bauglieder, die zu einer Baueinheit gehören, werden mit einer Strich-Punkt-Linie umrahmt, z. B. die Bauglieder des Hydraulikaggregates.

Leitungen und Leitungsverbindungen

Leitungen werden durch waagerechte und senkrechte Linien dargestellt. Sie sollen sich möglichst nicht kreuzen. Leitungsverbindungen werden mit einem Punkt gekennzeichnet.

Die Leitungsanschlüsse an den Baugliedern sind mit Buchstaben zu kennzeichnen (vgl. Tab. 2, S. 247). Diese Buchstaben finden sich auch auf den Baugliedern.

Zusammenfassung

Hydraulische Steuerungen

Gesamtsystem, bei dem hydraulische Energie zum Steuern und Antreiben von Anlagen eingesetzt wird

Energieversorgung

Teilsystem, das die Antriebsenergie in hydraulische Energie umwandelt und der Antriebseinheit zuführt

Einheiten zur Energieversorgung:

- Hydraulikaggregat

Energiesteuerung

Teilsystem, das den Energiefluss zur Antriebseinheit über die Menge und den Druck der Flüssigkeit steuert

Einheiten zur Energiesteuerung:

- Wegeventile
- Druckventile
  - Druckbegrenzungsventil
- Stromventile
  - Drosselventile
  - Stromregelventile

Antriebsteil

Teilsystem, das die hydraulische Energie in mechanische Energie umwandelt

Antriebseinheiten

- Zylinder
- Hydromotoren

Gesamtaufgabe

Untersuchen Sie die Funktionsweise der Presse anhand des hydraulischen Schaltplans (Abb. 1). Der Schnittschaltplan kann Ihnen beim Einlesen helfen.

1. Erstellen Sie eine Liste mit den verwendeten Baugliedern.

2. Das Hydraulikaggregat bildet eine komplette Baueinheit.

a) Wie ist im Schaltplan das Hydraulikaggregat gekennzeichnet?

b) Geben Sie an, welche Bauglieder zum Hydraulikaggregat gehören.

3. Geben Sie an, welche Einheiten zur Energiesteuerung in die Anlage eingebaut sind.

4. Beschreiben Sie die Aufgabe von Bauteil 0V1 in der Anlage.

5. Beschreiben Sie den Kreislauf des Ölstroms, wenn der Zylinder eingefahren ist (Ausgangsstellung).

6. Beschreiben Sie, wie der Öldruck in der Anlage eingestellt werden kann.

7. Erläutern Sie die Aufgabe des 2-Wege-Stromregelventils in der Anlage.

8. Wie lässt sich die Geschwindigkeit des Pressenstößels verändern?

9. Geben Sie an, warum dem Stromregelventil ein Rückschlagventil nebengeschaltet ist.

10. Beschreiben Sie den Kreislauf des Ölstromes

a) beim Einfahren des Zylinders,

b) beim Ausfahren des Zylinders.

11. Stellen Sie den Steuerungsablauf der Presse im Zustandsdiagramm dar.

Skizzieren Sie dazu die Funktionslinien des Zylinders und des Stellgliedes. Tragen Sie auch die Signallinien in das Diagramm ein.

12. In der hydraulischen Anlage ist das Stromregelventil nicht mehr in die Arbeitsleitung A zum Zylinder eingebaut. Stattdessen stehen folgende Einbaumöglichkeiten zur Auswahl:

1. in die Arbeitsleitung B zum Zylinder,
2. vor das Wegeventil in die Druckleitung P,
3. hinter das Wegeventil in die Tankleitung T.

Weiterhin soll die Ausfahrgeschwindigkeit einstellbar sein. Entscheiden Sie sich für eine der Möglichkeiten.

a) Skizzieren Sie den veränderten hydraulischen Schaltplan für die Presse.

b) Beschreiben Sie die Auswirkungen, die sich dabei auf die Funktionsweise der Anlage ergeben.

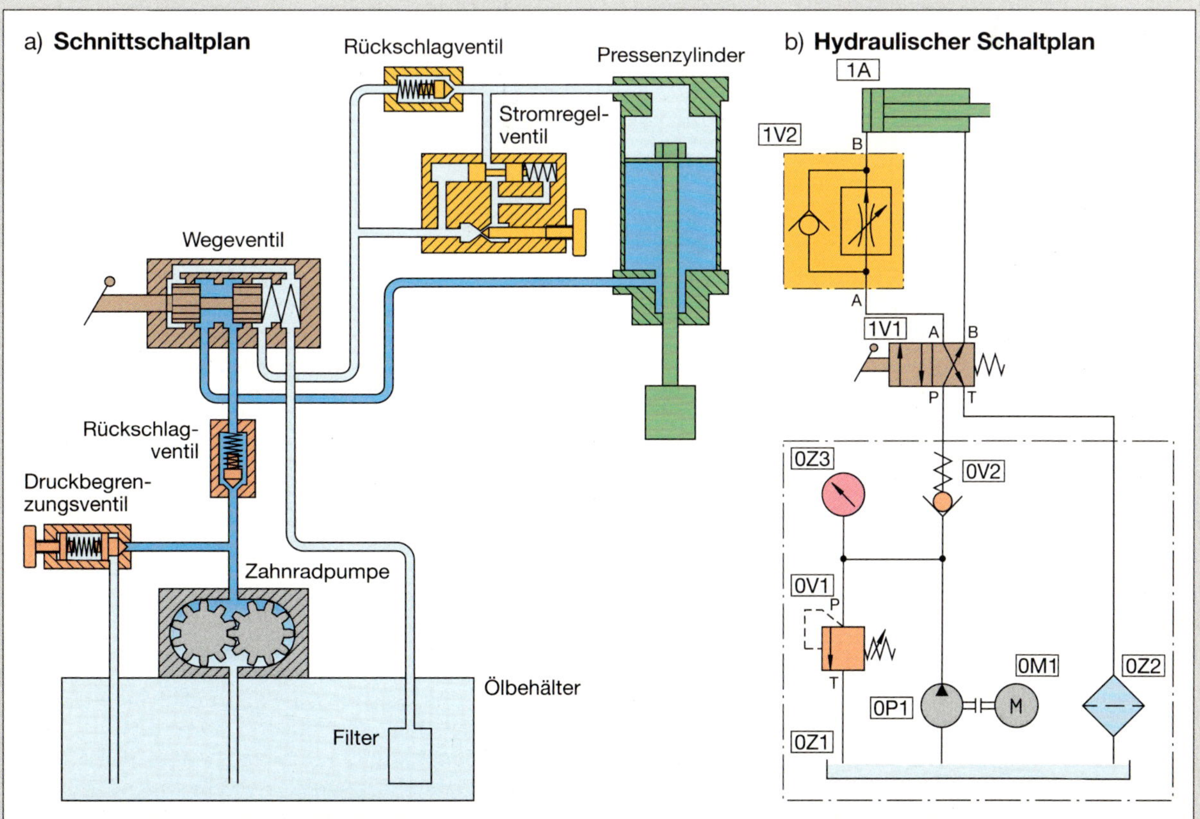

Abb. 1: Schaltplan der hydraulischen Presse

Sachwortverzeichnis

(deutsch / englisch)

A

B

D

E

F

G

H

I

Bildquellenverzeichnis

Verlag und Autoren danken den Firmen und Instituten für ihre Mithilfe bei der Beratung und Beschaffung von Informationen und Bildvorlagen.

BMW AG, München: 11.2
Boge Kompressoren, Bielefeld: 19.2, 47.2 li.
Fotostudio Druwe & Polastri, Cremlingen-Weddel: 50.1, 50.2, 57.Tab. 1: li. u. Mitte
Festo AG & Co., Esslingen: 47.3, 48.Tab. 1 (3 Fotos), 50.3, 57.Tab. 1 e.
Hans Kaltenbach Maschinenfabrik GmbH + Co. KG, Lörrach: 13.3, 24.1
mäder pressen GmbH & Co. KG, Tuttlingen: 31.1
Mannesmann Rexroth AG, Lohr a. Main: 67.2, 67.3 o., 69.3 o.

Drei grundsätzliche Empfehlungen zur Arbeitskleidung:

- Arbeitskleidung aus Naturfasern, z.B. Baumwolle,
- enganliegende Kleidung
- feste Schuhe

Gebotszeichen

- Augenschutz tragen
- Schutzhelm tragen
- Gehörschutz tragen
- Atemschutz tragen
- Schutzschuhe tragen
- Schutzhandschuhe tragen

- Schutzkleidung tragen
- Gesichtsschild tragen
- Für Fußgänger
- Übergang benutzen
- Vor Öffnen Netzstecker ziehen
- Vor Arbeitsbeginn freischalten

Warnzeichen

- Warnung vor feuergefährlichen Stoffen
- Warnung vor explosionsgefährlichen Stoffen
- Warnung vor giftigen Stoffen
- Warnung vor ätzenden Stoffen
- Warnung vor radioaktiven Stoffen oder ionisierenden Strahlen

- Warnung vor schwebenden Lasten
- Warnung vor Flurförderzeugen
- Warnung vor gefährlicher elektrischer Spannung
- Warnung vor Laserstrahlen
- Warnung vor brandfördernden Stoffen

- Warnung vor Kälte
- Warnung vor gesundheitsschädlichen oder reizenden Stoffen
- Warnung vor Gasflaschen
- Warnung vor explosionsfähiger Atmosphäre
- Warnung vor Biogefährdung

- Warnung vor Gefahren durch Batterien
- Warnung vor Quetschgefahr
- Warnung vor Handverletzungen
- Warnung vor Fräswelle
- Warnung vor elektromagnetischen Feldern

- Warnung vor automatischem Anlauf
- Warnung vor heißer Oberfläche
- Warnung vor Stolpergefahr
- Warnung vor Rutschgefahr
- Warnung vor einer Gefahrenstelle

Verbotszeichen

Rauchen verboten
Feuer, offenes Licht und Rauchen verboten
Für Fußgänger verboten
Mit Wasser löschen verboten
Kein Trinkwasser
Zutritt für Unbefugte verboten
Für Flurföderfahrzeuge verboten
Berühren verboten
Berühren verboten, Gehäuse unter Spannung
Schalten verboten
Abstellen oder Lagern verboten
Personenbeförderung verboten
Mit Wasser spritzen verboten
Mobilfunk verboten
Mitführen von Tieren verboten

Brandschutzzeichen

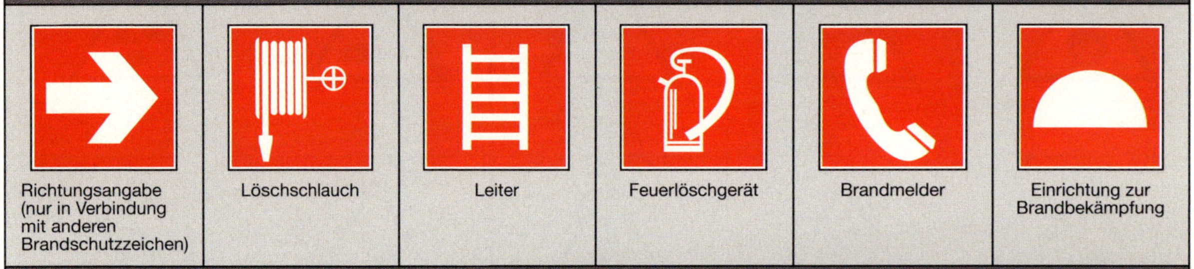

Richtungsangabe (nur in Verbindung mit anderen Brandschutzzeichen)
Löschschlauch
Leiter
Feuerlöschgerät
Brandmelder
Einrichtung zur Brandbekämpfung

Rettungszeichen

Rettungsweg
Rettungsweg, rechts aufwärts
Notausgang
Notausgang
Rettungsweg
Erste Hilfe
Notruftelefon
Arzt
Krankentrage
Notdusche
Augenspüleinrichtung
Sammelstelle
Richtungsangabe für Erste-Hilfe-Einrichtungen (nur in Verbindung mit weiteren Rettungszeichen)